Claudia
José F.

# Guía Metodológica Para El Diseño De Pequeñas Obras Hidráulicas

Claudia Soledad Herrera Oliva
José Rubén Campos Gaytán
Ma. Rosario Flores S.

# Guía Metodológica Para El Diseño De Pequeñas Obras Hidráulicas

## Caso De Estudio Bordo "El Sauzal", San Quintín, Ensenada, Baja California, México

Editorial Académica Española

**Impressum / Aviso legal**
Bibliografische Information der Deutschen Nationalbibliothek: Die Deutsche Nationalbibliothek verzeichnet diese Publikation in der Deutschen Nationalbibliografie; detaillierte bibliografische Daten sind im Internet über http://dnb.d-nb.de abrufbar. Alle in diesem Buch genannten Marken und Produktnamen unterliegen warenzeichen-, marken- oder patentrechtlichem Schutz bzw. sind Warenzeichen oder eingetragene Warenzeichen der jeweiligen Inhaber. Die Wiedergabe von Marken, Produktnamen, Gebrauchsnamen, Handelsnamen, Warenbezeichnungen u.s.w. in diesem Werk berechtigt auch ohne besondere Kennzeichnung nicht zu der Annahme, dass solche Namen im Sinne der Warenzeichen- und Markenschutzgesetzgebung als frei zu betrachten wären und daher von jedermann benutzt werden dürften.

Información bibliográfica de la Deutsche Nationalbibliothek: La Deutsche Nationalbibliothek clasifica esta publicación en la Deutsche Nationalbibliografie; los datos bibliográficos detallados están disponibles en internet en http://dnb.d-nb.de. Todos los nombres de marcas y nombres de productos mencionados en este libro están sujetos a la protección de marca comercial, marca registrada o patentes y son marcas comerciales o marcas comerciales registradas de sus respectivos propietarios. La reproducción en esta obra de nombres de marcas, nombres de productos, nombres comunes, nombres comerciales, descripciones de productos, etc., incluso sin una indicación particular, de ninguna manera debe interpretarse como que estos nombres pueden ser considerados sin limitaciones en materia de marcas y legislación de protección de marcas y, por lo tanto, ser utilizados por cualquier persona.

Coverbild / Imagen de portada: www.ingimage.com

Verlag / Editorial:
Editorial Académica Española
ist ein Imprint der / es una marca de
OmniScriptum GmbH & Co. KG
Heinrich-Böcking-Str. 6-8, 66121 Saarbrücken, Deutschland / Alemania
Email / Correo Electrónico: info@eae-publishing.com

Herstellung: siehe letzte Seite /
Publicado en: consulte la última página
ISBN: 978-3-659-08468-3

## PRESENTACIÓN

La presente obra tiene como propósito fundamental, presentar un instrumento metodológico que sirva como guía a estudiantes y académicos interesados en realizar el diseño de pequeñas obras hidráulicas, e incluye un ejemplo del diseño de una pequeña obra para recarga de acuíferos. Su estructura consta de cinco capítulos. En el capítulo I, se presenta un compendio de información general sobre la disponibilidad y uso del Agua en Baja California, haciendo énfasis en la situación que prevalece en el Valle de San Quintín, zona objeto de estudio del ejemplo de diseño presentado en este trabajo. En el capítulo II, se hace una descripción de las características, hidrogeológicas, climatológicas y socioeconómicas de la zona de estudio. En el capítulo III se presenta un proceso metodológico para el diseño de una pequeña obra hidráulica. En el capítulo IV se presenta los resultados obtenidos de la aplicación del proceso metodológico descrito en el capítulo III. Finalmente en el capítulo V se presentan los resultados principales que definen el diseño del bordo denominado El Sauzal, en San Quintín, Ensenada, Baja California, México.

# CONTENIDO

# CONTENIDO (Continuación)

# CONTENIDO (Continuación)

# CONTENIDO (Continuación)

# CONTENIDO (Continuación)

# LISTA DE TABLAS

## LISTA DE FIGURAS

# LISTA DE FIGURA (Continuación)

# I. INTRODUCCIÓN

El agua es uno de los recursos fundamentales sobre los que se sustenta el desarrollo de la humanidad y, por ende, constituye un elemento vital para garantizar los modelos de vida de las futuras generaciones. La distribución del agua sobre la superficie de la tierra ha cambiado notablemente, como resultado de los esfuerzos del hombre para manejarla. Estas alteraciones, se han acentuado, conforme la humanidad se urbaniza y también como resultado del incremento de la actividad agrícola en las últimas décadas, para producir los alimentos que se consumen en el mundo.

La irrigación ha sido con mucho el mayor consumidor de agua en el mundo, con cerca de 69.00% lo que corresponde a unos 483 m$^3$ por persona al año, le sigue la industria con aproximadamente el 23.00% equivalente a 161 m$^3$ por persona al año, y solamente el 8.00% de agua dulce se encuentra disponible para usos domésticos, lo que representa unos 56 m$^3$ por persona al año (Toledo, 2002). México se encuentra en la octava posición a nivel mundial de los Países con mayor extracción de agua (80.6 km$^3$/año), el 77.00% de esa extracción es para uso agrícola, el 9.20 % es para uso industrial y el 14.10% para uso doméstico (Comisión Nacional del Agua por sus siglas CONAGUA, 2012). La superficie dedicada a la agricultura en México es de aproximadamente 21 millones de hectáreas, que representan el 10.50% del territorio nacional y en promedio, durante el periodo 2000-2004 la superficie cosechada aproximada fue de 19.6 millones de hectáreas por año. De la superficie cosechada, 6.5 millones de hectáreas son de riego y 14.5 de temporal. Los cultivos que se siembran en superficies de riego reciben agua extraída de fuentes de abastecimiento superficiales o subterráneas, y es conducida a través de diversos canales a los sitios de cultivo. En lo que corresponde a las áreas de temporal, éstas se benefician básicamente con la lluvia que cae directamente en las parcelas. La productividad de las áreas de riego es, en promedio, 3.7 veces mayor que las de temporal y a pesar de su superficie sustancialmente menor, la agricultura de riego genera más de la mitad de la producción agrícola nacional, (Consejos de Cuenca, 2006).

Baja California es un estado de gran importancia en la agricultura comercial del país, cuenta con tres zonas agrícolas: El Valle de Mexicali, la Costa del Pacífico que la integran el Valle de San Quintín, San Vicente y Maneadero, y la Zona Central que comprende al Valle de la Trinidad, Ojos Negros y Valle de Guadalupe (Moreno, 1999). De los valles que comprenden la zona costa del Pacífico, el de San Quintín destaca por la importancia que tiene en la producción de hortalizas y frutas para la exportación lo que lo convierte en la  segunda zona agrícola más productiva del

1

Estado, a pesar de que en esta región existe un serio problema de abastecimiento de agua, situación que obedece principalmente a que: En la región no existen escurrimientos superficiales permanentes, lo que repercute en la recarga que reciben los acuíferos, dado que es una zona donde la evaporación es elevada y las condiciones geológicas son adversas, pues la mayoría de las unidades de roca permiten que el agua fluya libremente debido a las elevadas pendientes, y sólo una mínima parte de esos escurrimientos lleguen a los acuíferos.

**I.1 Justificación.**

El periodo comprendido entre 1970 y 1980 marcó un importante cambio en la actividad agrícola de El Valle de San Quintín. Al mismo tiempo que se establece una moderna infraestructura para el desarrollo agrícola, se abren al cultivo cientos de hectáreas para la producción de frutas y hortalizas destinadas de manera fundamental a la exportación. Dada su naturaleza, algunos de los cultivos, entre ellos el tomate, requieren un uso intensivo de mano de obra (Sánchez y Hernández, 1988).

La escasa población de la región de San Quintín constituyo un obstáculo para el desarrollo agrícola. La estrategia seguida por los productores fue reclutar trabajadores de otros estados, principalmente de los estados de Oaxaca, Guerrero y Michoacán (Garduño, et al. 1989: 40; Zlolniski, 2010a), por la introducción de la tecnología, los periodos de cosecha se han prolongado en mayor parte del año. Ante ello, la migración circular y la migración de tipo golondrina se ha modificado, volviéndose de carácter definitivo, provocando asentamientos y la formación de nuevas colonias en El Valle. Algunos datos muestran que entre 1980 y 1990 la población asentada en el Valle de San Quintín creció, de 4,694 a 23,354 (Velasco, 2000: 97).

Con el crecimiento acelerado de la población en esta zona, surgen numerosos problemas de carácter social, por ejemplo, la falta de servicios públicos correspondientes a drenaje y alcantarillado, así como el uso de letrinas y fosas sépticas, ha incrementado el riesgo de contaminación con coliformes fecales de los pozos de abastecimiento de agua potable y para uso agrícola.

Asimismo, las técnicas para el cultivo de hortalizas han generado sobreexplotación de los mantos acuíferos, intrusión salina, salinización de suelos y contaminación de éste por plásticos y productos agroquímicos. En materia de residuos sólidos industriales no peligrosos, la Dirección General de Ecología del Estado, a través de la Coordinación de Auditoría Ambiental en San Quintín, está llevando a cabo un programa de regulación cuyo objetivo es frenar la quema de toneladas de plásticos derivados de la actividad agrícola y fomentar el almacenamiento temporal de estos materiales (Espejel, et al., 2005). Por lo que el problema ambiental prioritario que tiene que

2

resolverse en esta zona es el de la escasez de agua para consumo humano y para el desarrollo de la actividad agrícola. El manto acuífero de esta región se encuentra sobreexplotado Riemann, 1999 reporta que hay en operación al menos 712 pozos con un gasto que rebasa los 69 $Mm^3$ al año y la intrusión salina ha alcanzado hasta 17 km de la costa, con la consecuente inutilización para uso agrícola de una extensa superficie de suelo (CNA, 1998; Meza- Hernández, 1998; Instituto Nacional de Estadística y Geografía por sus siglas INEGI, 1997).

Con objeto de atacar el urgente problema de escasez de agua en la región, el Gobierno del Estado de Baja California, a través de la Secretaría de Fomento Agropecuario, estableció un Programa de Construcción de pequeñas obras hidráulicas, denominado "Bordos de Control en Baja California", con el cual, se pretende a largo plazo, tener un mejor manejo de las cuencas hidrológicas, mediante la retención del agua de lluvia y la subsecuente recarga de los mantos acuíferos. A través de dicho Programa, durante el ejercicio administrativo 2001-2007, se contempló que en la zona costa del Estado, se construyeran con la aplicación de 16 millones pesos un total de 10 obras hidráulicas de control, que en conjunto alcanzarían una capacidad de almacenamiento de 820 mil metros cúbicos. Debido a la problemática descrita en la sección anterior se estableció que una de las diez obras que contempla este programa se construyera en la región de San Quintín, para ello, en septiembre de 2002, se realizó el Estudio y Proyecto para Conservación de Suelo y Agua denominado "El Sauzal". Los resultados de dicho estudio indicaron que es factible la construcción de una presa, a base de terraplenes en el lugar denominado "El Sauzal", mismo que forma parte de la Cuenca Hidrológica "Arroyo la Escopeta – Cañón de San Fernando". Este sitio, se localiza en las Coordenadas, Latitud Norte 30°40′11.4", y Longitud Oeste 115°45′9.4"; según información proporcionada en la carta topográfica H11B64, editada por el Instituto Nacional de Estadística Geografía e Informática (INEGI). La obra se concluyó e inicio operaciones en abril de 2003, lamentablemente en enero de 2010 se registró un periodo de lluvias extraordinarias y la obra fue totalmente devastada. En la actualidad, el problema de la escasez de agua en el Valle de San Quintín, lejos de resolverse se agudiza cada día más, por tal razón, y dado que existen estudios que indican que es factible la construcción de una pequeña obra hidráulica en el sitio mencionado, en el presente trabajo se propone un diseño más seguro y económico que el proyecto anterior.

3

## I.2. Planteamiento del problema

Por todo lo expuesto anteriormente, y dada la poca disponibilidad de agua superficial, la sobreexplotación de los acuíferos, y la intrusión salina observada en El Valle de San Quintín, es particularmente necesaria la construcción de obras hidráulicas para retener el escurrimiento de agua superficial que circula temporalmente por los arroyos de esta región, y así por infiltración se produzca la recarga de los acuíferos. Cabe mencionar que contener y embalsar el agua, para que fluya continua y lentamente sobre el cauce de arroyos ayuda a evitar inundaciones y disminuir daños en las comunidades que se encuentran aguas abajo.

## I.3. Objetivo y metas

### 1.3.1. Objetivo

En el presente trabajo tiene como objetivo presentar una propuesta de proyecto para construir un bordo en la Región Hidrológica I (RH I) en el lugar denominado "El Sauzal", Municipio de Ensenada, Baja California., El cual forma parte de la Cuenca Hidrológica denominada "Arroyo la Escopeta – Cañón San Fernando", ubicado en la región del Valle de San Quintín.

### 1.3.2. Metas.

- Determinar las características volumétricas del vaso de almacenamiento.
- Diseño hidráulico del vertedor de demasías.
- Cálculo de la longitud total de vertimiento.
- Diseño del cuerpo de la cortina.
- Diseño de tanque de disipación.

## II. DESCRIPCIÓN DE LA ZONA DE ESTUDIO

### II.1. Ubicación geográfica.

El Municipio de Ensenada, B.C., se encuentra delimitado por las siguientes coordenadas, al Norte 32° 16' y al Sur 28° 00', de Latitud Norte, al Este 112° 47' y al Oeste 116° 53' de Longitud Oeste (Figura 1).

La región del Valle de San Quintín se ubica a 185 km al sur de la ciudad de Ensenada, Baja California, y su extensión territorial es de 36,941 km². La superficie agrícola que comprende la zona de estudio es de 43,062 hectáreas, de las cuales 27,000 son de temporal y 16,062 son de riego (SAGARPA, 2009).

El Valle de San Quintín tiene un total 328 localidades distribuidas en tres delegaciones: Camalú, San Quintín y Colonia Vicente Guerrero, según datos del Conteo de Población (INEGI, 2001).

5

○ **ZONA DE ESTUDIO**

*Figura 1. Zona de estudio*

## II.2. Descripción hidrológica de la zona de estudio

El Valle de San Quintín pertenece a la Región Hidrológica uno (RH1). La cual está dividida en las cuencas A y B. Al norte se encuentra la Cuenca B "Arroyo Las Ánimas-Arroyo Santo Domingo", con las subcuencas: A "Arroyo Santo Domingo" y B "Arroto San Telmo". Al sur se encuentra la Cuenca A denominada "Arroyo La Escopeta-Cañón San Fernando", integrada por las subcuencas: D "Arroyo El Socorro", E "Arroyo San Simón" y F "Arroyo de La Escopeta".

En la tabla 1 se presentan algunas características de las principales corrientes de agua en la Región, como son: Arroyo Santo Domingo, La Escopeta, San Simón y El Socorro ( INEGI, 2001, Comisión Estatal del Agua por sus siglas CEA, 2003).

6

*Tabla I. Características de los arroyos Santo Domingo, La Escopeta, San Simón y El Socorro.*
*Fuente: CEA (2003)*

| Arroyos | Superficie de la Cuenca $(km^2)$ | Volumen de escurrimiento medio anual $(mm^3)$ | Precipitación media anual (mm) |
|---|---|---|---|
| Sto. Domingo | 1684.70 | 39.80 | 349.90 |
| La Escopeta | 946.00 | 10.60 | 173.60 |
| San Simón | 1930.00 | 25.70 | 186.50 |
| El Socorro | 3211.10 | n/a | 158.20 |

Los acuíferos que se encuentran en la región son: Colonia Vicente Guerrero, Camalú, San Quintín y San Simón y se considera que son de tipo libre. Los tres últimos, tienen problemas de intrusión salina causada por la sobreexplotación (CEA, 2003).

El acuífero de Camalú, se localiza al sureste del mismo, entre el Valle Santo Domingo y San Telmo. Litológicamente éste forma parte de un depósito sedimentario de origen aluvial de edad Cuaternaria. El material más común es grava y arena, en dichos sedimentos se hallan estructuras lenticulares de limo y arcilla. La permeabilidad de los materiales es baja media a media (INEGI, 2001).

El acuífero de la Colonia Vicente Guerrero está constituido por depósitos fluviales y aluviales. Los depósitos fluviales son cantos rodados, gravas y arenas de alta permeabilidad. Los aluviales están constituidos por limos, arenas y material arcilloso. En ellos se encuentra la principal fuente de agua subterránea (Plan de Desarrollo Urbano del Centro de Población San Quintín – Vicente Guerrero por sus siglas PDUCPSQ-VG, 2003).

El acuífero de San Quintín está constituido por depósitos de origen aluvial de dominio continental en la parte superior, mientras que en la parte inferior prevalece una sedimentación mixta: continental-marina. Los sedimentos de mayor distribución son grava y arena, así como material arcilloso. La permeabilidad del acuífero es de media alta a media, lo que permite delinear su comportamiento como un acuífero libre (INEGI, 2001).

En el acuífero de San Simón, el subsuelo volcánico basáltico del Pleistoceno Tardío al Reciente, puede ser una fuente alterna para la extracción de agua subterránea, por presentar buena permeabilidad tanto primaria como secundaria. Los sedimentos del aluvión Cuaternario de origen fluvial (arenas, guijarros y cantos rodados) hacen al acuífero de buena permeabilidad. Su disposición estratigráfica es del tipo libre (PDUCPSQ-VG, 2003).

En el "Acuerdo por el que se dan a conocer los límites de 188 acuíferos de los Estados Unidos Mexicanos, los resultados de los estudios realizados para determinar su disponibilidad media anual de agua y sus planos de localización", publicado en el *Diario Oficial de la Federación*, el 31 de enero de 2003, se presentan los resultados de estudios técnicos en los que se toman en cuenta las características, el comportamiento, la recarga, la descarga natural, las extracciones y el cambio de almacenamiento de los acuíferos, así como los volúmenes de agua subterránea inscritos en el Registro Público de Derechos de Agua, y demás metodología establecida en la Norma Oficial Mexicana NOM-011-CNA-2000, para determinar la disponibilidad media anual de los acuíferos, entre ellos, el de los acuíferos de Camalú, Colonia Vicente Guerrero y San Quintín. De acuerdo con esta información en la Tabla 2 se puede apreciar que los tres acuíferos están sobreexplotados.

***Tabla II. Condición de los acuíferos de Camalú, Colonia Vicente Guerrero y San Quintín. Fuente: Diario Oficial de la Federación por sus siglas DOF (2003)***

| Unidad hidrogeológica | Camalú ($mm^3$) | Colonia Vicente Guerrero ($mm^3$) | San Quintín ($mm^3$) |
|---|---|---|---|
| Recarga anual | 3.90 | 19.50 | 19.00 |
| Descarga natural comprometida | 0.00 | 0.00 | 0.00 |
| Volumen concesionado de aguas subterráneas | 11.25 | 35.55 | 27.63 |
| Volumen de extracción consignado en estudios técnicos | 2.70 | 21.00 | 24.40 |
| Disponibilidad media anual de agua subterránea | 0.00 | 0.00 | 0.00 |
| Déficit | -7.35 | -16.05 | -8.63 |

## II.3. Clima.

El clima en la zona de estudios es considerado del tipo mediterráneo templado, con temperatura anual promedio de 15°C, alcanzando en el verano una temperatura máxima de 35°C. El temporal de lluvias es durante el periodo de noviembre-febrero, con una precipitación promedio anual en los últimos 55 años (SAGARPA, 2009) de 141 mm.

## II.4. Temperatura.

En el periodo comprendido del año 1984 al año 2000, se registraron las siguientes temperaturas (CNA, 2001):

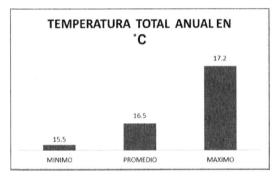

*Figura 2. Registro de temperatura anual en °C*

## II.5. Precipitación pluvial.

En el periodo comprendido del año 1984 al año 2000, se registraron las siguientes precipitaciones pluviales (CNA, 2001):

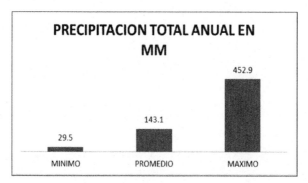

**Figura 3.** Registro de precipitación anual en mm

## II.6. Suelo predominante.

En general, el suelo predominante en la zona, corresponde al denominado Regosol (We/1), de clase textural gruesa, suelo constituido principalmente por arenas (72.00-96.00%), con menores porcentajes de arcillas y limos, de espesores variables, reposando sobre rocas de tipo ígnea intrusiva ácida (CNA, 2001).

## II.7. Población.

Con base en datos del censo del 2010, el Municipio de Ensenada, B.C. tenía una población total de 466,814 habitantes, en la Col. Lázaro cárdenas se cuenta con 12,134 habitantes de los cuales 6,140 son hombres y 5,994 son mujeres (INEGI 2010).

## II.8. Agricultura.

En lo que respecta al uso del suelo apto para el desarrollo de actividades productivas, en el municipio de Ensenada, el suelo está dedicado, principalmente, a la agricultura.

10

En la tabla III se observa la extensión del suelo, que fue dedicado exclusivamente a la agricultura en el Estado de baja California y Distrito Ensenada, según registros oficiales, para el Año Agrícola 1999-2009:

*Tabla III. Superficies destinadas a la agricultura: año agrícola 1999-2009 (INEGI 2010)*

| TIPO DE | SUPERFICIE SEMBRADA (Has.) | | | SUPERFICIE COSECHADA (Has.) | | |
|---|---|---|---|---|---|---|
| | TOTAL | RIEGO | TEMPORAL | TOTAL | RIEGO | TEMPORAL |
| TOTAL EN EL ESTADO: | 228,136.0 | 180,490.0 | 28,336.5 | 207,336.0 | 177,260.5 | 21,803.0 |
| TOTAL EN EL DISTRITO ENSENADA: | 58,364.0 | 26,365.5 | 28,336.5 | 46,022.5 | 24,219.5 | 21,803.0 |
| INCIDECIA AL TOTAL (%): | 26.19% | 14.61% | 100.00% | 23.12% | 13.66% | 100.00% |
| CULTIVOS CICLICOS: | 42,612.0 | 16,916.5 | 25,695.5 | 36,695.5 | 16,687.5 | 20,008.0 |
| CULTIVOS PERENNES: | 12,090.0 | 9,449.0 | 2,641.0 | 9,327.0 | 7,532.0 | 1,795.0 |

**II.9. Ganadería.**

En el municipio de Ensenada, en segundo uso, el suelo está dedicado a la ganadería. En la tabla IV se indica información en la que puede observarse el volumen de producción de carne en canal, que se registraron en el Estado de Baja California y Municipio de Ensenada, durante el año 2000 (INEGI 2010):

*Tabla IV. Volumen de la producción de carne en canal: año 2000*

| ENTIDAD MUNICIPIO | ESPECIE / VOLUMEN (ton) | | |
|---|---|---|---|
| | BOVINO | PORCINO | AVES |
| TOTAL EN EL ESTADO: | 54,329.6 | 3,328.2 | 370.1 |
| TOTAL EN ENSENADA: | 3368.3 | 675.8 | 0.00 |
| INCIDENCIA AL TOTAL (%): | 6.20% | 20.31% | 0.00% |

11

## III. METODOLOGÍA

Los procesos físicos que aborda la hidrología involucran tantas variables, que su estudio, desde un enfoque puramente determinístico, resulta poco útil para la Ingeniería Hidrológica, puesto que en la resolución de problemas reales normalmente no se dispone de los niveles de información necesarios para abordar este tipo de planteamientos. Con frecuencia, es necesario partir de un conjunto de hechos observados y mediante análisis empíricos o conceptuales, definir las magnitudes y frecuencias de volúmenes de escurrimiento y caudales de conducción.

La secretaría de Recursos Hidráulicos (SARH) en 1982 publico el *"Manual para la Estimación de Avenidas Máximas en Cuencas y Presas Pequeñas"*. Las recomendaciones vertidas en dicho manual siguen teniendo validez en la actualidad, bajo ciertas consideraciones y complementos hechos por el autor de este manual. En el presente trabajo se propone una obra, que por sus características puede considerarse como un pequeño almacenamiento dado que su finalidad principal es la recarga de acuíferos por lo que se utilizaran los métodos marcados por la SARH para este tipo de obras.

Enseguida se describe brevemente cada uno de los estudios necesarios, para el diseño de una obra hidráulica de estas características.

### III.1. Estudios topográficos

### III.1.1 Levantamiento de la Cuenca

Puesto que la superficie de la cuenca en este tipo de obras resulta relativamente pequeña, se hace el levantamiento respectivo, ya que en una carta geográfica (INEGI) es difícil determinarla. La precisión requerida en el levantamiento no debe ser mayor de $1:100$ y en los cierres de poligonales de apoyo se acepta $1:500$. Antes de hacer el levantamiento se recomienda ubicar el parteaguas en una carta de INEGI y posteriormente hacer el recorrido físicamente haciendo las anotaciones que se requieran. Para cuencas menores de $100$ Km$^2$ se puede hacer una poligonal envolvente del parte aguas con tránsito y estadía, en caso de no contar una estación total; también se puede hacer una poligonal con tránsito y estadal o estación total a través de lugares fácilmente accesibles de la cuenca y desde los vértices de la poligonal, fijar los puntos del parteaguas mediante intersecciones. Para cuencas mayores de $100$ km$^2$ se debe realizar una triangulación como elemento base del levantamiento, fijando posteriormente los puntos del parte aguas mediante intersecciones.

En el levantamiento de cuenca se deben tomar datos sobre la localización geográfica (Latitud y Longitud) de al menos dos puntos seguidos de la poligonal, ya sea mediante orientación magnética (corregida) o con GPS; también habrá de anotarse localización y pendiente de los arroyos principales, forma de concentración del agua, tipo de vegetación, condiciones geológicas del terreno y detalles importantes como poblaciones, vías de comunicación, represas, etc.

### III.1.2. Levantamiento del vaso de almacenamiento

El levantamiento de vaso de almacenamiento consiste en hacer una poligonal siguiendo aproximadamente la probable elevación del embalse; y en trazar poligonales abiertas a lo largo de los arroyos más importantes, así como otras poligonales auxiliares que se estimen necesarias. Además se debe llevar a cabo un levantamiento de niveles para cada uno de los vértices de la poligonal principal y ligar a ella los niveles de las poligonales de detalles, y las poligonales abiertas que definen a los arroyos. La configuración del vaso de almacenamiento con sus curvas de nivel se puede realizar con cualquiera de los instrumentos de medición como son: estadal y plancheta; estadal y tránsito; estadal y tránsito con distanciómetro; o con estación total.

### III.1.3. Levantamiento de la Boquilla

El levantamiento de la boquilla se lleva a cabo para tener un apoyo al realizar los estudios geológicos, así como para tener un plano de detalles que configure la zona de desplante de la cortina y sus obras auxiliares. Primero se levanta una línea sobre el eje de la cortina probable, la cual se liga a la poligonal principal desde sus extremos, mediante puntos auxiliares que se fijan con mojoneras fuera del área de construcción probable; a lo largo de esta línea se levantan secciones transversales (a cada 20.00 m) con longitudes de 40.00 m a 60.00 m hacia cada lado., Finalmente se realiza la nivelación de la línea sobre el eje de la cortina probable, ligando estos niveles con los de la poligonal principal y a su vez, se ligan los niveles de las secciones transversales con estos mismos bancos de nivel. En ocasiones se efectúa una configuración de la zona de la boquilla, para indicar los detalles que se consideren necesarios tomar en cuenta.

### III.2. Estudios Hidrológicos

Para fines de este estudio se puede usar cualquiera de los dos métodos existentes como son el *método directo* o *el método indirecto*.

El método directo implica un conocimiento preciso de los datos de escurrimiento del río, aportados por estaciones de aforo con períodos de observación amplios, que permitan predecir en forma aproximada el comportamiento de la corriente. Este método arroja los datos más cercanos a la realidad de los escurrimientos.

El método indirecto se utiliza cuando no existe información disponible de aforos, por lo que será necesario deducir el régimen de la corriente en función de datos de la precipitación, el área de la cuenca y demás características, así como el coeficiente de escurrimiento. Este método aunque menos preciso que el primero, arroja resultados aceptables si los factores que entran en juego son determinados con suficiente precisión.

Es conveniente aclarar que los resultados de los estudios hidrológicos que se efectúan en un mismo aprovechamiento, pueden variar por las causas siguientes:

1) Considerar distintos periodos de tiempo de observación en los estudios.

2) Tomar o no en cuenta en los estudios, datos de precipitación o de aforos excepcionalmente altos que discrepan con los demás.

3) Del régimen de demandas esto por intervenir datos supuestos de la forma en que se distribuirán las superficies de siembra de cada cultivo y de cuyos datos depende el valor de la superficie beneficiada.

Por las consideraciones indicadas se ha juzgado conveniente establecer un método simplificado que no presenta discrepancias notables respecto a la precisión de los métodos usados en estudios de grandes presas y que permite en forma expedita y económica ejecutarlos. El método consiste en calcular basándose en datos de muchos estudios hidrológicos efectuados, los cuales permiten relacionar porcentajes de aprovechamiento y eficiencia del vaso, respecto al régimen de la corriente. A continuación se describe.

### III.2.1. Volumen escurrido medio anual.

El volumen escurrido medio anual se obtiene mediante la siguiente expresión (SARH "Pequeños Almacenamientos"):

$$V_m = A\, C_m\, P_m \tag{1}$$

dónde:

$Vm$ = volumen escurrido medio anual ($m^3$)

$A$ = área de la cuenca ($m^2$)

$C$ = coeficiente de escurrimiento medio

$Pm$ = precipitación anual (m).

**III.2.2. Coeficiente de escurrimiento.**

El coeficiente de escurrimiento puede ser obtenido mediante Determinación directa, métodos de comparación o comparación de valores medios de tablas, el cual se determina con la siguiente expresión, (SARH "Pequeños Almacenamientos").

$$C_m = \left[ \frac{C\min + C\max}{2} \right]$$
(2)

dónde:

$Cm$ = coeficiente de escurrimiento medio

$Cmín$ = coeficiente de escurrimiento mínimo

$Cmáx$ = coeficiente de escurrimiento máximo

**III.2.2.1 Determinación directa**

De los registros de aforo de la estación hidrométrica correspondiente, se obtienen datos de los volúmenes escurridos anualmente, cuyo porcentaje con respecto a los volúmenes llovidos dan los valores de los coeficientes de escurrimientos anuales respectivos, que se pueden utilizar para diversos proyectos situados en el lugar de la estación hidrométrica o en sus cercanías. Respecto a lugares situados en la misma cuenca en donde se tiene la estación de aforos, pero distante a ésta, procede hacer una corrección en cuanto a superficie de la cuenca y características particulares de la zona.

**III.2.2.2. Método de comparación.**

Cuando no se dispone de estaciones hidrométricas, la cuenca en estudio se compara con otras de características semejantes en las que se tenga datos de aforo o un estudio hidrológico completo, adoptando el valor del coeficiente de escurrimiento correspondiente a la cuenca de mayor semejanza en extensión, topografía, geología, vegetación, etc.

### III.2.2.3. Comparación de valores medios de tablas.

En lugares sin estaciones de aforo, se pueden usar los valores indicados en las tablas V, VI y VII.

*Tabla V. Tabla para determinar el coeficiente de escurrimiento*
*Tomando en cuenta la vegetación del lugar.*

| CLASE DE TERRENO | COEFICIENTE DE ESCURRIMIENTO (%) |
|---|---|
| Terrenos cultivados, pastos | 1- 30 |
| Áreas Boscosas | 5 - 20 |
| Terreno sin cultivo | 25 - 50 |

*Tabla VI. Tabla para determinar el coeficiente de escurrimiento*
*Tomando en cuenta la superficie de la cuenca.*

| EXTENSIÓN DE CUENCA | COEFICIENTE DE ESCURRIMIENTO (%) |
|---|---|
| Cuenca chica hasta 10 $km^2$ | 20 |
| Mediana de 10 a 100 $km^2$ | 15 |
| Grande de 100 a 500 $km^2$ | 10 |
| Mayores de 500 $km^2$ | 5 |

*Tabla VII. Tabla para determinar el coeficiente de escurrimiento*
*Tomando en cuenta la precipitación.*

| PRECIPITACIÓN ANUAL | COEFICIENTE DE ESCURRIMIENTO (%) |
|---|---|
| Mayor de 1500 mm | 35 o Mayor |
| De 1200 a 1500 mm | 15 a 35 |
| De 800 a 1200 mm | 5 a 15 |
| Menores de 800 mm | 0 a 5 |

### III.2.3. Volumen aprovechable

Es el que se utiliza para los fines de aprovechamiento de la obra hidráulica. No todo el volumen escurrido se puede aprovechar debido a las pérdidas que se tienen por evaporación y filtraciones en el vaso, así como por la variación de las corrientes en el periodo de lluvias.

El volumen aprovechable se determina mediante la siguiente expresión:

$$V' = C_1 V_m \qquad (3)$$

donde:

$V'$ = volumen aprovechable ($m^3$).

$C_1$ = porcentaje de aprovechamiento.

$V_m$ = volumen escurrido medio.

### III.2.4. Eficiencia del vaso

Es la relación existente entre el volumen aprovechable y la capacidad útil del almacenamiento; representa la forma de aprovechar el agua al almacenarse en el vaso, por medio del cual se puede utilizar un mayor o menor volumen de agua del que corresponde a la capacidad útil. Se determina con la siguiente expresión:

$$e = \left[ \frac{V'}{C_u} \right] \qquad (4)$$

donde:

$e$ = eficiencia del vaso (adimensional).

$V'$ = volumen aprovechable ($m^3$).

$C_u$ = capacidad útil del almacenamiento ($m^3$).

17

### III.2.5. Capacidad útil del vaso.

Conocidos el volumen aprovechable y la eficiencia del vaso, se determina la capacidad útil del almacenamiento con la siguiente expresión.

$$C_u = \left[ \frac{V'}{e} \right] \tag{5}$$

donde:

$Cu$= capacidad útil del almacenamiento ($m^3$).

$V'$= volumen aprovechable ($m^3$).

$e$= eficiencia del vaso (adimensional).

### III.2.6. Capacidad de azolves.

En pequeños almacenamientos se ha fijado una vida útil de 25 años, con base en lo anterior, dicho valor se tomara en cuenta para determinar la capacidad de azolves. Producto de observaciones, se considera un porcentaje promedio anual de sedimentación del orden del 0.15% del escurrimiento anual; por las pendientes fuertes y velocidad del escurrimiento en los arroyos del Estado de BC, el porcentaje es variable de acuerdo a lo siguiente: en la zona alta de las sierras, 0.158%; en la zona media, 0.162%; y en la planicie costera entre 0.17 y 0.18% (SARH "Pequeños Almacenamientos").

Para un lapso de 25 años el volumen de azolves acumulado es:

$$C_a = \%\text{ppas} \times t \times V_m = 0.0040\ V_m \tag{6}$$

donde:

$Ca$= capacidad de azolve ($m^3$).

$\%ppas$= porcentaje promedio anual de sedimentación.

$t$ = tiempo de vida útil (años).

$Vm$= volumen escurrido medio anual ($m^3$).

### III.2.7. Capacidad total.

La capacidad total es la suma de la capacidad útil y la de azolves.

$$C_t = C_u + C_a \tag{7}$$

18

### III.2.8. Almacenamiento económico.

Las presas se proyectan tratando de aprovechar el máximo de escurrimiento que aporte la cuenca, salvo que la obra se encarezca notablemente, o que por la topografía se disponga de un almacenamiento menor.

En la figura 4, las extracciones representan los volúmenes aprovechables y los almacenamientos las capacidades útiles correspondientes. De esta forma, la gráfica queda formada por una línea quebrada cuya pendiente va aumentando hasta llegar a un punto, a partir del cual la pendiente es muy pronunciada, lo que significa que para un crecimiento en la extracción se requiere un incremento considerable del almacenamiento, haciéndose antieconómico proyectar almacenamientos mayores a la ordenada de ese punto brusco, el cual representa la capacidad útil económica recomendable. Cuando el régimen de la corriente es muy variable, el punto de quiebre de la gráfica de extracciones-capacidades es más difícil definir porque la pendiente desde el inicio es grande.

Conocidos los valores del porcentaje de aprovechamiento y la eficiencia del vaso, se puede determinar el volumen aprovechable y la capacidad útil del almacenamiento. De varios proyectos elaborados con el criterio del almacenamiento más económico, se tomaron datos respecto al régimen de escurrimiento de la corriente, porcentajes de aprovechamiento y eficiencia del vaso, formando la figura 4, donde se puede observar que aunque los puntos se disparan, siguen en general una curva que representa el promedio de dichos puntos; así, los valores que resultan de los estudios hidrológicos aproximados (datos obtenidos con las gráficas), se estima que dan la aproximación suficiente para aplicarse en el proyecto de Pequeños Almacenamientos.

19

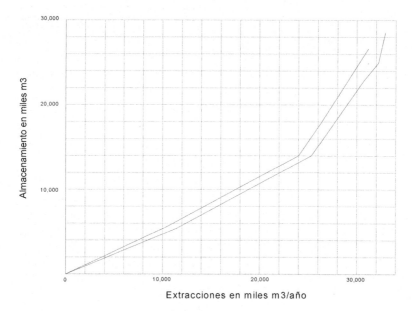

Extracciones en miles m3/año

*Figura 4. Gráfica de eficiencia "e"*

Forma de empleo de la figura 4: Para cuantificar la variación del escurrimiento anual se determinan los promedios de los volúmenes anuales escurridos, mayores y menores del medio anual, su diferencia dividida entre el volumen escurrido medio anual del periodo considerado, es igual al porcentaje de variación:

$$\%Variacion = V_1 = \frac{\mathrm{Pr}\,omedioV_{mayor} - \mathrm{Pr}\,omedioV_{menor}}{V_m} x100 \qquad (8)$$

De los boletines hidrológicos de la zona, se escogen las estaciones pluviométricas más cercanas al centro de gravedad de la cuenca, enseguida se toman los datos de las precipitaciones anuales ocurridas en el periodo que se disponga. Después de eliminar los datos mayores que discrepen notablemente de los demás, se determinan las precipitaciones medias anuales correspondientes a cada estación del periodo de estudio considerado, se anotan en el plano respectivo y se interpolan entre las líneas que unen las estaciones para trazar las isoyetas con las cuales se podrá conocer la precipitación media anual en el centro de gravedad de la cuenca en estudio.

La precipitación media anual en el centro de gravedad de la cuenca, se divide entre la precipitación media anual de la estación base para calcular el factor de corrección, por el cual se multiplicarán las precipitaciones de la estación base para obtener las correspondientes al centro de gravedad de la cuenca. Cuando se tiene una estación pluviométrica dentro de la cuenca y cercana al sitio del proyecto, es conveniente manejar únicamente los datos de esa estación.

Con el dato de variación del régimen, se entra a la gráfica y se determina el porcentaje de aprovechamiento y eficiencia del vaso. En pequeños almacenamientos, debido a su reducida capacidad y forma en que operan, se considera difícil obtener una eficiencia mayor de 1.10, por lo cual se recomienda fijar este último valor como límite. Es conveniente efectuar una revisión de las pérdidas por evaporación, porque el porcentaje de aprovechamiento obtenido por las gráficas, correspondiente a almacenamientos de cortinas de mayor altura y con pérdidas por evaporación del orden del 6% del escurrimiento medio anual.

Esta revisión se hace de forma aproximada, determinando la superficie del agua en el vaso en la elevación dada por el volumen al que se refiere la siguiente expresión:

$$C_a = \frac{C_u}{2} \tag{9}$$

donde:

$C_u$ = capacidad útil ($m^3$)
$C_a$ = capacidad de azolves ($m^3$).

La superficie indicada se multiplica por la evaporación neta anual del lugar, con lo cual se obtiene el volumen total evaporado. Este volumen se compara con el correspondiente al 6% del escurrimiento medio anual; con esta diferencia entre los dos volúmenes indicados, se afecta el volumen aprovechable calculado con los datos de la gráfica para obtener el que debe aplicarse en el estudio.

En proyectos donde por alguna circunstancia se tiene un almacenamiento distinto al económico, debe considerarse lo siguiente:

- Cuando el almacenamiento se proyecta para una capacidad mayor de la económica, el porcentaje de aprovechamiento aumenta y la eficiencia del vaso disminuye.

21

- Cuando el almacenamiento se proyecta para una capacidad menor de la económica, el porciento de aprovechamiento disminuye y la eficiencia del vaso aumenta.

### III.2.9. Gasto de diseño y avenida máxima.

Para determinar el gasto de diseño y la avenida máxima, existen numerosas expresión empíricas cuyos valores son inciertos, por no intervenir en ellas algunos de los diversos factores como son precipitación, pendiente y vegetación, forma de concentración del agua, etc., por lo cual aquí se recomiendan únicamente algunas que pueden dar valores más reales. Cuando no se dispone de información adecuada y es necesario aplicar estas fórmulas, conviene aplicar diferentes métodos indicados a continuación para comparar resultados y tener un criterio válido en cuanto a la forma de elegir el gasto de la avenida máxima.

La subcuenca del sitio denominado "El Sauzal" no cuenta con una estación de aforo, que nos indique cual es el comportamiento de los escurrimientos o de los hidrogramas de las tormentas que se han presentado. De tal forma que, para definir el Gasto de Diseño del Bordo "El Sauzal", fue necesaria la aplicación de métodos que involucran las lluvias máximas en 24 horas, el tipo de suelo, cobertura vegetal y las características fisiográficas de la cuenca., Los métodos utilizados fueron: Racional, Hidrograma Unitario Triangular, Envolvente de Creeager, Envolvente de Lowry , y Gregory Arnold, Para la aplicación de estos, se requiere conocer primeramente algunas características de la cuenca como son el área, la longitud del cauce principal, su pendiente media, tiempo de concentración y determinación del coeficiente de escurrimiento la "N".

*a) Cálculo del tiempo de concentración*
Se define como tiempo de concentración al intervalo en horas que tarda una partícula de agua más alejada en el colector principal de la cuenca, para llegar hasta la boquilla o salida de la zona de estudio. Existen diversos criterios para obtener este valor, destacándose los propuestos por "Rowe", "Kirpich " y el del " Servicio de conservación de Suelos de E.U.A. ( S.C.S. ), de acuerdo a las siguientes formulas:

Método de "Rowe":

$$Tc = \left[ \frac{0.87 L^3}{H} \right]^{0.385} \tag{10}$$

donde:

Tc = tiempo de concentración, en horas.

L = longitud total del cauce más largo, en km.

H = desnivel total del colector, en m

Método de "Kirpich":

$$Tc = 0.000325 \left[ \frac{L}{\sqrt{S}} \right]^{0.77}$$ (11)

donde:

Tc = tiempo de concentración, en horas.

L = longitud total del cauce mas largo, en m

S = pendiente media del cauce principal (Taylor-Schwarz), adimensional

Método del "Soil Conservation Service USA ( S.C.S. )":

$$Tc = \frac{L^{1.15}}{3085 \Delta H^{0.38}}$$ (12)

donde:

Tc = tiempo de concentración, en horas

L = longitud total del cauce más largo, en km

H = desnivel total del colector, en m

b). *Determinación del coeficiente de escurrimiento "N"*

Para determinar los valores de "N", es necesario definir los tipos de suelo y esto se realiza haciendo uso de las cartas disponibles de Uso del Suelo y Vegetación de la cuenca, de acuerdo a la siguiente clasificación (Jiménez 1992):

TIPO "A": Suelos de gravas y de arenas de tamaño medio, limpias y mezclas de ambas. Estos suelos generan el menor escurrimiento debido a su gran capacidad de infiltración.

TIPO "B": Suelos de arenas finas, limos orgánicos e inorgánicos, mezcla de arena y limo. Generan escurrimiento inferior al medio.

TIPO "C": Suelos de arenas muy finas, arcillas de baja plasticidad, mezcla de arena, limo y arcilla. Generan escurrimiento superior al medio.

23

TIPO "D": Suelos arcillosos de alta plasticidad, con subhorizontes casi impermeables cerca de la superficie, Generan el mayor escurrimiento.

En la tabla VIII se muestran los valores de "N" en función de la condición o clasificación hidrológica del tipo de suelo y del uso del mismo.

*Tabla VIII. Valores de "N" por tipo de suelo*

| Uso del suelo | Condición de la cobertura vegetal de la superficie | Tipo de suelo | | | |
|---|---|---|---|---|---|
| | | A | B | C | D |
| Bosques cultivados | Ralo, baja transpiración. | 45 | 66 | 77 | 83 |
| | Normal, transpiración media. | 36 | 60 | 73 | 79 |
| | Espeso, alta transpiración. | 25 | 55 | 70 | 77 |
| Caminos | De tierra. | 72 | 82 | 87 | 89 |
| | Superficie dura. | 74 | 84 | 90 | 92 |
| Bosques naturales | Muy ralo, muy baja transpiración. | 56 | 75 | 86 | 91 |
| | Ralo, baja transpiración. | 46 | 68 | 78 | 84 |
| | Normal, transpiración media. | 36 | 60 | 70 | 76 |
| | Espeso, alta transpiración. | 26 | 52 | 62 | 69 |
| | Muy espeso, muy alta transpiración. | 15 | 44 | 54 | 61 |
| Descanso, sin cultivo | Surcos rectos. | 77 | 86 | 91 | 94 |
| Cultivos en surco | Surcos rectos. | 70 | 80 | 87 | 90 |
| | Surco en curva de nivel. | 67 | 77 | 83 | 87 |
| | Terrazas. | 64 | 73 | 79 | 82 |
| Cereales | Surcos rectos. | 62 | 75 | 83 | 87 |
| | Surco en curva de nivel. | 60 | 72 | 81 | 84 |
| | Terrazas. | 57 | 70 | 78 | 82 |
| Leguminosas sembradas con maquinaria o al voleo | Surcos rectos. | 62 | 75 | 83 | 87 |
| | Surco en curva de nivel. | 60 | 72 | 81 | 84 |
| | Terrazas. | 57 | 70 | 78 | 82 |
| Pastizal | Pobre. | 68 | 79 | 86 | 89 |
| | Normal | 49 | 69 | 79 | 84 |
| | Bueno | 39 | 61 | 74 | 80 |
| | Curva de nivel, pobre | 47 | 67 | 81 | 88 |
| | Curva de nivel, normal | 25 | 59 | 75 | 83 |
| | Curva de nivel, buena. | 6 | 35 | 70 | 79 |
| Potrero permanente | Normal | 30 | 58 | 71 | 78 |
| Superficie impermeable | | 100 | 100 | 100 | 100 |

Debido a que la cobertura vegetal en la zona, de acuerdo a la clasificación anterior, se puede establecer como Bosque Natural ralo de baja transpiración y suelo tipo "D".

24

*c) Determinación de la lluvia de diseño*

El método de Emil Kuishiling y C. E. Gransky considera que la duración de la tormenta es igual al tiempo de concentración y es cuando se presenta el gasto máximo. Este método utiliza la siguiente expresión:

$$Hp = \frac{K\,Tc^{(1-e)}}{(1-e)} \tag{13}$$

donde:

$Hp$ = precipitación media de diseño, en mm

$e$ = variable en función del tiempo de concentración

$Tc$ = tiempo de concentración de la cuenca, en hr.

*d) Determinación de la lluvia en exceso*

$$He = \frac{10\left(\dfrac{Hp}{10} - \dfrac{508}{N} + 5.08\right)^2}{\left(\dfrac{Hp}{10} + \dfrac{2032}{N} - 20.32\right)} \tag{14}$$

donde:

$He$ = lluvia en exceso en mm

$Hp$ = precipitación media de diseño, en mm

$N$ = coeficiente adimensional

*e) Coeficiente de escurrimiento*

$$C = \frac{He}{Hp} \tag{15}$$

donde:

$He$ = lluvia en exceso en mm

$Hp$ = precipitación media de diseño, en mm

### III.2.9.1 Método racional

La fórmula racional es posiblemente el modelo más antiguo de la relación lluvia-escurrimiento. De acuerdo con diversos autores, este modelo toma en cuenta, además del área de la cuenca, la altura o intensidad de la precipitación y es hoy en día muy utilizado, particularmente en el diseño de drenajes urbanos.

$$Q=0.278CIA \tag{16}$$

donde:

$C$ = coeficiente de escurrimiento adimensional
$I$ = intensidad
$A$ =área de la cuenca en m$^2$.

### II.2.9.2. Hidrograma unitario triangular

Se define como el hidrograma de escurrimiento directo que se produce por lluvia efectiva ó en exceso de lámina unitaria, duración de y repartida uniformemente en la cuenca, fue desarrollado originalmente por Sherman en 1932, y se basa en las siguientes hipótesis

- Tiempo base contante. Para una cuenca dada, la duración total de escurrimiento directo o tiempo base es la misma para todas la tormentas con la misma duración de lluvia efectiva, independientemente del volumen total escurrido. Todo hidrograma unitario está ligado a una duración de la lluvia en exceso.

- Linealidad o proporcionalidad. Las ordenadas de todos los hidrogramas de escurrimiento directo con el mismo tiempo base, son directamente proporcionales al volumen total de escurrimiento directo, es decir, al volumen total de lluvia efectiva. Como consecuencia, las ordenadas de dichos hidrograma son proporcionales entre sí.

- Superposición de causa y efectos. El hidrograma que resulta de un periodo de lluvia dado puede superponerse a hidrogramas resultantes de periodos lluviosos precedentes.

El concepto de hidrograma unitario se ha usado de manera muy extensa en prácticamente todo el mundo desde su publicación original. Esta idea se ha ampliado y mejorado de manera considerable desde entonces.

$$Q = \left[ \frac{0.556HeA}{nTp} \right] \qquad (17)$$

donde:

*He* = lluvia en exceso en mm.
*A* = área de la cuenca en m².
*n* = valor para cuenca chicas adimensional.
*Tp* = tiempo pico en hr.

### II.2.9.3 Curvas Envolventes.

Estos métodos toman en cuenta solo el área de la cuenca, aunque no son métodos que analicen propiamente la relación entre la lluvia y el escurrimiento, se aplicarán por ser de enorme utilidad en los casos en que se requieren solo estimaciones gruesas, o bien cuando se carezca casi por completo de información. La idea fundamental de estos métodos es relacionar el gasto máximo con el área de la cuenca

En México se dispone de los datos hidrométricos de la mayor parte de las corrientes principales, por tanto ha sido posible formar curvas envolventes de los gastos máximos observados en las diferentes regiones en que se ha dividido el país y que son usadas para determinar el gasto máximo de avenidas.

Para el trazado de las curvas envolventes se han usado datos de las estaciones hidrométricas que operan desde hace tiempo en las distintas corrientes. Las ecuaciones de las curvas envolventes son dadas por W.P. Creager y Robert C. Lowry, que son las siguientes, de los gastos máximos probables

**Creager:**

$$q = 0.5033C \left[ \frac{(0.386A)x(0.894)}{(0.386A)x(0.048)} \right]^{-1} \qquad (18)$$

o

$$q = 0.533C \left[ \frac{A}{2.59} \right]x\left[ \frac{0.936}{A(0.048)} \right]^{-1} \qquad (19)$$

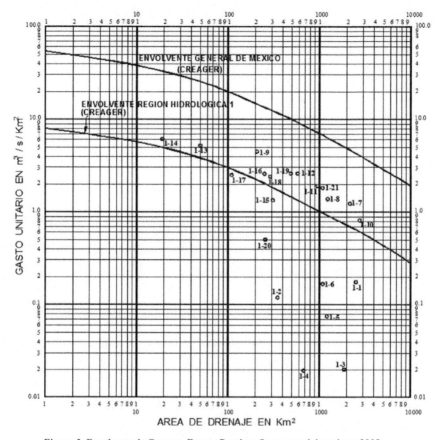

*Figura 5. Envolvente de Creager. Fuente Ramírez-Orozco y colaboradores 2005.*

28

**Lowry:**

$$q = \left[ \frac{C}{2.59 + A} \right] x [0.80] \tag{20}$$

donde:

$q$ = gasto (m$^3$/seg/km$^2$)
$A$ =área de la cuenca (km$^2$)
$C$ = coeficiente que depende de las características de la cuenca, que para el mundo
en general es igual a 100 en la expresión de Creager y 3512 para la envolvente de Texas
en la ecuación de Lowry.

Gráficamente se trazan las curvas definiendo la correspondiente a C de cada expresión y dibujando la paralela por el punto que se considera en estudio. Para México la C general tiene un valor de 70.

Para conocer el gasto máximo que puede ocurrir en un sitio determinado, se dibuja la curva local de la zona., Con tal finalidad se localizan las estaciones hidrométricas más cercanas al sito analizado y por la estación que genere el punto más alto en la gráfica, se traza una paralela a la curva de la región, obteniéndose de esta forma la curva envolvente local.

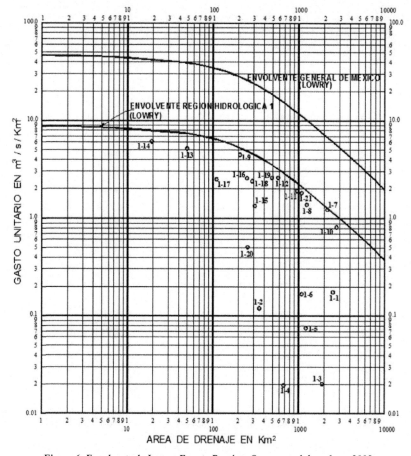

*Figura 6. Envolvente de Lowry. Fuente Ramírez-Orozco y colaboradores 2005*

### III.3. Estudios geológicos

Los estudio geológicos no deben menospreciarse para pequeños almacenamientos, porque si no se efectúan correctamente, este tipo de obras hidráulicas pueden fracasar debido a la pérdida de agua de almacenamiento por filtraciones en el vaso o través de la boquilla; así también estas filtraciones pueden poner en riesgo la estabilidad de la cortina y sus estructuras complementarias como el vertedor, etc.

Los estudios geológicos deben incluir las zonas del vaso de almacenamiento, como la boquilla., Por tal razón se recomienda lo siguiente:

### III.3.1. Geología del vaso.

Se debe efectuar un reconocimiento del mismo para determinar las características geológicas principales, debiendo recabar información sobre la existencia de zonas de resumidero o de infiltración franca, así como manantiales que puedan ser motivo para desechar el proyecto.

### III.3.2. Geología de la boquilla.

Para determinar las características en la boquilla como son tipo, longitud, etc., se recomienda la excavación de pozos a cielo abierto, a lo largo del eje propuesto, con espaciamiento de 50 m o menor en sitios de interés o donde se requieran. Estas exploraciones se profundizan hasta encontrar alguna formación que asegure la impermeabilidad de la boquilla, o como máximo hasta 8 m de profundidad. Con esta información se procede a elaborar el perfil geológico de la boquilla.

### III.3.3. Pruebas de permeabilidad.

Para estimar cualitativamente la permeabilidad de los suelos de grano fino y aprovechando los pozos de exploración geológica, se excavan pequeños huecos en forma de cubos con dimensiones mínimas de 30 cm por lado, los cuales se llenan de agua 3 ó 4 veces antes de hacer la prueba, con objeto de saturar el material circundante. En el quinto llenado, se toma la lectura de abatimiento del nivel de agua con respecto al de la boca del mismo cubo, relacionándolo con el tiempo transcurrido., Con estos datos se elabora la gráfica de abatimiento-tiempo.

### III.4 Estudios de mecánica de suelos

Los estudios de mecánica de suelos para obras de almacenamiento pequeños se manejaron durante mucho tiempo, bajo dos criterios generales que son:

- El primero consiste en la recomendación de taludes para distintas alturas de cortinas y tipos de suelos.

- El segundo establece la ejecución de estudios habituales para grandes obras.

En función al primer criterio, se le considera arbitrario porque la sección de cortina elegida, puede o no resolver el problema satisfactoriamente ya sea en exceso o en defecto. De esta forma la sección en exceso puede resultar demasiado costosa y motivar que no se ejecute la obra hidráulica.

El segundo criterio implica ejecutar todos los estudios de mecánica de suelos y alternativas de análisis de estabilidad de la cortina, propios de grandes obras hidráulicas, provocando trabajos excesivos y costosos en laboratorios, cálculos laboriosos y estricto control en los procesos constructivos, resultando poco práctico y antieconómico para realizarse en pequeños almacenamientos.

Para subsanar los inconvenientes mencionados, se deben realizar los estudios de mecánica de suelos estrictamente necesarios, que permitan dar una idea precisa de la sección de la cortina y que no implique un procedimiento de estudio y cálculo laborioso.

Bajo este criterio se tiene:

*1ª Categoría.- Cortinas de 1 a 5 m de altura.*

1) Estudio de Bancos de Préstamo:

a. Localización.

b. Muestreo.

c. Cubicación.

d. Clasificación de suelos.

e. Límites de consistencia y prueba de compactación Proctor, únicamente con fines estadísticos.

2) Estudio de cimentación.- No se efectúan.

3) Análisis de estabilidad de taludes.- No se efectúan.

Se fija la siguiente sección: ancho de corona, de 3 a 4 m; taludes 2:1

*2ª Categoría.- Cortinas de 6 a 10 m de altura.*

Todas las anteriores y además se determinan

Determinación de las propiedades mecánicas del material de banco de préstamo para determinar su cohesión.

2) Estudio de cimentación:

a. Determinación del grado de consolidación y humedad natural de la cimentación.

3) Análisis de estabilidad de taludes:

a. Empleo del Ábaco de Taylor para el diseño de taludes.

*3ª Categoría.- Cortinas de 11 a 15 m de altura.*

Se realizan todos los estudios que de la cortina 6 a 10 m.

### III.4.1. Estudios de bancos de préstamo.

### III.4.1.1. Localización de bancos de préstamo.

Los bancos de material impermeable que se van a utilizar para la construcción de la cortina, deben localizarse preferentemente aguas abajo del eje, en la menor distancia posible, respetando una franja de un mínimo de tres veces la altura probable de la cortina, adyacente al pie del talud., El material impermeable también podría fijarse aguas arriba del sitio de la cortina, cuando la capa de suelo tenga un espesor aceptable y que el material subyacente garantice la impermeabilidad del vaso, respetando también la distancia de franja mínima indicada anteriormente pero ahora aguas arriba.

Los bancos de grava y arena de los cauces son excelente material de construcción, que puede emplearse en respaldos estabilizadores, zonas de transición o en drenes de pie bajo los taludes aguas debajo de la cortina. Deben tomarse en cuenta distancias, clase y condiciones de la piedra que puede usarse como coraza de enrocamiento para los taludes de la cortina.

### III.4.1.2. Muestreo de bancos de préstamo.

Para estudiar los tipos y características de los diferentes materiales de banco y su probable comportamiento durante y después de la construcción, el laboratorio de suelos requiere muestras representativas del material. Para esto, de cada banco con posibilidades de explotación, se extraerá una muestra integral por cada 10,000 m$^3$ del volumen total estimado a usar. Para obtener muestras integrales se cavan pozos a cielo abierto con dimensiones mínimas de 1.00x1.50 m, con profundidad igual a todo el espesor del material aprovechable o el suficiente para cubrir las necesidades de la obra. De una pared del pozo se extrae una muestra representativa de 30 o 40 kg, la cual se empaca, en sacos de lona para no perder finos y por último se etiqueta.

### III.4.1.3. Cubicación de préstamos.

Se deben hacer pozos a cielo abierto en toda la superficie de cada uno de los bancos, en número suficiente para poder estimar la superficie y profundidad que se requiere explotar. Un banco o una serie de bancos de préstamo se consideran aceptables, cuando el volumen disponible de material es cuando menos igual a 1.5 veces el volumen requerido en la obra.

### III.4.1.4. Clasificación de Suelos.

En la identificación de suelos se utiliza el Sistema Unificado de Clasificación, que contiene su descripción y se basa en el reconocimiento y predominio de los constituyentes, considerando tamaño de granos, graduación, plasticidad y compresibilidad. Con las muestras recibidas del campo, el laboratorio de suelos efectúa el análisis granulométrico, determina los límites de consistencia y la compactación Próctor.

### III.4.1.5. Propiedades mecánicas.

En la práctica, de los análisis de estabilidad se ha podido observar que en general para secciones homogéneas u homogéneas modificadas constituidas por material cohesivo, el caso más crítico generalmente ocurre al final de la construcción, suponiendo el material saturado, por tanto se considera que la revisión de esta condición es suficiente para la selección de un talud estable en cortinas de pequeños almacenamientos.

Las propiedades mecánicas que se deben determinar para dicha revisión quedan definidas en los resultados de la prueba triaxial rápida no drenada, los valores obtenidos en esta prueba para el ángulo de fricción interna en suelos cohesivos, generalmente son pequeños, considerándose conveniente no hacerlos intervenir en el análisis de estabilidad, lo que no representa mayor inconveniente porque esta omisión asegura una mayor estabilidad y queda compensada por falta de un control estricto de laboratorio de suelos durante la construcción.

Los especímenes de prueba moldeados, serán elaborados con suelos pasados por la malla No. 4 con una compactación entre el 86 y 92% con respecto a la prueba Próctor y con un grado de saturación entre el 93 y 96%. No se consideran saturaciones mayores, debido a las pocas probabilidades de que los materiales de las cortinas de pequeños almacenamientos se saturen totalmente, tanto por su impermeabilidad, como por las condiciones de funcionamiento de los vasos, los cuales permanecen llenos solo una parte del año. El grado de compactación de los especímenes, se fijará de acuerdo

34

con la compactación que se pueda alcanzar en el terraplén, con el equipo de construcción trabajando en condiciones normales.

### III.4.2. Estudio de la cimentación

En diferentes estaciones de las cimentaciones en suelos de grano fino, se harán pruebas para determinar el peso volumétrico seco y la humedad natural, para conocer su grado de compactación natural con respecto a la Próctor y con los datos obtenidos se consultará la gráfica de condiciones de cimentación contenida en el plano de estudios de Mecánica de Suelos para pequeños almacenamientos, a fin de conocer las necesidades de tratamiento y prever posibles asentamientos.

Para conocer la resistencia al esfuerzo cortante en la cimentación, que conduzca a un análisis de estabilidad más correcto, se probarán en la máquina de compresión sin confinar, especímenes moldeados, elaborados con material de la cimentación representativa de la compactación natural, con un grado de saturación entre 93 y 96%.

### III.5. Dique a base de gaviones

Este trabajo presenta dentro de este capítulo el cálculo de un dique con gaviones esto como resultado del análisis hidráulico de la obra, derivado a que el vaso de almacenamiento es insuficiente para recibir la tormenta de diseño, por lo que se propone para esta obra colocar un dique a base de gaviones.

Con esta obra se cumple uno de los objetivos más importantes para la construcción del bordo de almacenamiento el cual es contribuir a la infiltración con fines de recarga del manto acuífero de la zona de estudio.

### III.5.1. Dimensionamiento del vertedor

El vertedor se dimensiona con base en la siguiente expresión:

$$Q = \mu l_c (z_0 - f_a) \sqrt{2 g (z_0 - f_a)} \tag{21}$$

donde:

$Q$ = caudal máximo de proyecto m$^3$/seg.

$\mu$ = coeficiente de caudal variable en función de la influencia de la carga cinética aguas arriba de 0.385 a 0.60.

$g$ = aceleración de gravedad m$^2$/seg.

$l_c$ = ancho del vertedor en mts.

$z_o$ = cota del nivel aguas arriba donde no está afectado por el remanso en mts.

$f_a$ = cota del vertedor en mts.

Conocido el gasto y estimado el coeficiente, permite elegir los valores de ancho, cota del nivel aguas arriba y cota del vertedor, con la advertencia que siempre la amplitud del ancho del vertedero sea tal para atraer en el centro del cauce el flujo de la corriente previniendo así posibles erosiones de las orilla, la cota del nivel aguas arriba y de las alas del dique tienen que ser por lo menos 30-40 cm, más alta de la cota del vertedor.

### III.5.2. Dimensionamiento del tanque de disipación

El cuenco se realiza en la cota de salida, inferior a la cota del cauce aguas abajo, de manera que el flujo subcritico aguas abajo influya en el funcionamiento del cuenco.

Las características hidráulicas del cuenco se obtienen con la relación:

$$( z_O - f_a ) + \frac{Q^2}{2\,g\,( Z_1 - f_b )^2\,lb^2} \tag{22}$$

### III.5.3. Análisis de sifonamiento en el terreno de cimentación

El desnivel provocado por la presencia del dique determina el flujo filtrante, bajo y a los lados de la obra, que podría causar la remoción de material fino de la cimentación llamado sifonamiento.

Para un dimensionamiento preliminar, con el fin de evitar el peligro de sifonamiento de la obra, se debe averiguar que el desarrollo general de la longitud (L) del recorrido de filtración bajo y a los lados de la obra pueda satisfacer la relación.

$$L \geq c\,\Delta h \tag{23}$$

donde:

$\Delta h$ = desnivel entre os niveles libres aguas arriba y aguas abajo del dique.

$c$ = coeficiente que depende de la naturaleza del terreno (tabla IX).

Siendo los gaviones altamente permeables y principalmente en la fase inicial de vida de la estructura se comporta como drenaje, se aconseja sobretodo en presencia de terrenos areno-limosos, poner bajo y a los lados de la estructura un filtro sintético o una membrana impermeable para evitar la remoción de materiales finos a través de los gaviones mismos.

*Tabla IX. Valores del coeficiente c para la revisión del fenómeno de filtración.*

| Coeficiente c | Valores granulométricos | Tipo de terreno |
|---|---|---|
| 20 | 0.01-0.05 | Barros y limos |
| 18 | 0.06-0.10 | Limos y arenas muy finas |
| 15 | 0.12-0.25 | Arenas finas |
| 12 | 0.30-0.50 | Arena media |
| 10 | 0.6-1.00 | Arena gruesa |
| 9-4 | 2.00 | Grava de fina a gruesa |
| 6-3 | - | Arcilla de buena compacidad hasta arcilla muy dura. |

**III.5.4. Análisis de estabilidad para la sección bajo el vertedero**

Los diques de gaviones pueden ser considerados como estructuras de gravedad, las fuerzas en juego son:

**III.5.4.1. Pesos**

-Agua: En casos normales el peso específico del agua turbia ($\gamma_w$), varia de 1000 a 1100 kg/m$^3$.

-Gaviones: Conocido el peso específico del material rocoso del relleno, el peso específico del gavión relleno es ($\gamma g$).

$$\gamma_g = \gamma_s (1 - n) \tag{24}$$

donde:

$n$ = porosidad que es igual a relación entre el volumen de los poros y el volumen total el cual es general 0.30.

37

La tabla X indica los pesos específicos de las rocas más comunes empleadas para rellenar los gaviones.

**Tabla X. Pesos específicos indicativos de diferentes tipos de rocas**

| Roca | Peso específico (kg/m$^3$) |
|------|---------------------------|
| Basalto | 2,900 |
| Granito | 2,600 |
| Caliza dura | 2,600 |
| Traquitas | 2,500 |
| Areniscas | 2,300 |
| Caliza porosa | 2,200 |
| Toba | 1,700 |

Si los vacíos son ocupados por agua y la fracción de volumen de los poros ocupados por agua ($\mu$) es la humedad, el peso específico es:

$$\gamma_{g\mu} = \gamma_s(1 - n) + n\mu\gamma_w \qquad (25)$$

Para determinar el peso específico de los gaviones saturados de agua, se considera una $\mu=1$, y resulta la siguiente expresión:

$$\gamma_{g1} = \gamma_s(1 - n) + n\gamma_w \qquad (26)$$

-Terreno

Peso específico del terreno seco:

$$\gamma_{to} = \gamma_s(1 - n) \qquad (27)$$

Peso específico del terreno saturado de agua:

$$\gamma_{t1} = \gamma_s(1 - n) + n\gamma_w \qquad (28)$$

Peso específico del terreno sumergido en falda:

$$\gamma_{tw} = (\gamma_s - \gamma_w)(1 - n) \qquad (29)$$

38

### III.5.4.2. Empujes

-Empuje hidrostático.- Las resultantes de los empujes hidrostáticos $H_{wM}$ sobre la pared aguas arriba valen:

$$H_{wM} = H_{w1} = 1 / 2 \gamma_w (h_1 + h_2 + h_3)^2 - h_1^2$$

$$H_{wv} = H_{w2} + H_{w3} = 1 / 2 \gamma_w (h_4 + h_5)^2 \qquad (30)$$

Localizados cada uno de ellos en sus respectivos centros de empuje.

-Empuje de terreno.-El empuje activo del terreno aguas arriba vale

$$H_{1M} = 1 / 2 \gamma_{tw} (h_2 + h_3)^2 \lambda_s \qquad (31)$$

donde:

$$\lambda_s = tg^2 (\frac{\pi}{4} - \frac{\varphi}{2}) \qquad (32)$$

El empuje aguas abajo es:

$$H_{TV} = 1 / 2 \gamma_{tw} h_5^2 \lambda_s \qquad (33)$$

Los empujes mencionados $(h_2 + h_3)/3$ y $h_5/3$ respectivamente arriba del plano de cimentación.

-Supresión.-Si se admite una distribución hidrostática de presión sobre las paredes aguas arriba y aguas abajo, la supresión ($S_w$)es la resultante de un diagrama trapecio de presiones con valores extremos

$$\gamma_W = (h_1 + h_2 + h_3) \text{ y } \gamma_W = (h_4 + h_5) \qquad (34)$$

### III.5.4.3. Estabilidad al volteo

La estabilidad es asegurada si el momento estabilizante alrededor del punto F, predomina sobre el volteo.

Las fuerzas estabilizantes son:

-Peso propio de la estructura $\rho_{g1}$, considerada como seca arriba del nivel libre aguas abajo ($Z_v$)y sumergida para la parte subyacente.

-Peso del agua sobre el vertedero ($\rho_w$).

-Peso del terreno ($\rho_t$) saturado sobre los denticulados aguas arriba y aguas abajo.

-Empujes horizontales $H_{wv}$ y $H_{tw}$.

Las fuerzas volcantes son:

-Empujes horizontales $H_{wM}$ y $H_{tM}$.

-Subpresión $S_w$.

-Fuerzas ocasionales (hielo, acción de chorro de flujo supercrítico, terremoto, etc)

Definido $M_t$, el momento de las fuerzas volcantes y $M_s$ el de las fuerzas estabilizantes, el coeficiente de seguridad al vuelco:

$$S_v = \frac{M_s}{M_t} \tag{35}$$

Debe resultar mayor a 1, para obras pequeñas es suficiente que sea $Sv \geq 1.3$, la verificación tendrá que repetirse en todas las secciones horizontales.

**III.5.4.4. Estabilidad al deslizamiento horizontal**

El equilibrio en el deslizamiento es comprobado cuando las fuerzas de fricción y cohesión agentes en el plano de fundación compensan las fuerzas horizontales sea $S_t$, el coeficiente de seguridad al deslizamiento, debe ser:

$$S_t = \sum Vxtg \; \varphi \; / \sum H \geq 1.3 \tag{36}$$

En el caso más común que el dique se apoye en terrenos no coherentes, puede asumirse tg $\omega$=0.7 (que corresponde a un ángulo de roca de 35° aproximadamente)

**III.5.4.5. Estabilidad al flotamiento del zampeado del tanque de disipación**

La supresión calculada en punto del zampeado es:

$$\rho = \gamma_w \left[ Z_o - \frac{Z_o - Z_3}{L_t} y \right] - Z_s \tag{37}$$

Se puede definir coeficiente de seguridad $S_q$ al flotamiento del zampeado la relación.

$$S_q = \left( \gamma_{ot} S + \gamma_m h \right) / \rho \tag{38}$$

### III.5.5. Resistencia del terreno de cimentación

Se determina en intensidad y líneas de acción la resultante R de las fuerzas agentes y al centro de presión X.

En la hipótesis de conservación de las secciones planas, si el centro de presión es interno al núcleo central MN la tensión máxima de compresión es:

$$\sigma_\beta = 6 \frac{VxXM}{100 \; xAB^2} \tag{39}$$

donde V (kg) es la componente vertical de R expresada en kg; $\sigma_s$ en kg/cm$^2$ y XM y AB en cm.

Si el centro de presiones corresponde con el extremo del núcleo N:

$$\sigma_\beta = 2 \frac{V}{100 \; xAB} \tag{40}$$

Si el centro de presiones es externo del núcleo central:

$$\sigma_\beta = 2 \frac{V}{3 \, x100 \; xAB} \tag{41}$$

La verificación se satisface si $\sigma_B < K_t$ donde $K_t$, es la carga de seguridad del terreno

| Tabla XI. Carga de seguridad del terreno | |
|---|---|
| Calidad del terreno | Carga de seguridad (kg/cm) |
| 1) Terrenos removidos no compactos rellenos | 0-1 |
| 2) Terrenos no cohesivos compactos | |
| a) Arenas con granos inferiores de 1 mm | 2 |
| b) Arenas con granos entre 1 y 3 mm | 3 |
| c) Arena y gravas con menos de 1/3 de grava | 4 |
| 3) Terrenos coherentes (en base al contenido de agua en estado natural) | |
| a) Fluido, fluido plástico | 0 |
| b) Blando-plástico | 0.4 |
| c) Solido –plástico | 0.8 |
| d) Medio-solido | 1.5 |
| e) Solido | 3.0 |
| 4) Rocas en buen estado físico (si presentan fisuras o son disgregadas las cargas indicadas deben ser reducidas en menos de la mitad) | |
| a) Arenisca, caliza, rocas volcánicas, etc | 10-15 |

### III.5.6. Resistencia de la estructura en gaviones

En general, s las cargas transmitidas al terreno son compatibles con su resistencia se garantiza también la resistencia de la estructura en gaviones., Si se quiere verificar su resistencia se obra como para el análisis de la resistencia del terreno, la tensión máxima debe ser comparada con la carga de seguridad de la estructura en gaviones que debe ser definida a través de pruebas experimentales. La estructura en gaviones puede en general alcanzar en situaciones de estado plano de deformación aplastamientos relativos del 20% con valores de carga P/A aproximadamente de 10 $kg/cm^2$; el ajuste de la estructura sucede sin ruptura de alambre, que se obtiene únicamente con valores de carga unitaria superiores a 30-40 $kg/cm^2$

### III.5.7. Verificación de estabilidad y resistencia de las secciones en correspondencia de las alas.

Se verifica con los mismos criterios ya expuestos para la sección en el vertedero.

42

## IV. RESULTADOS Y DISCUSION

### IV.1. Ubicación de la zona de estudio

La zona de estudio se localiza en la Región Hidrológica I, Baja California Noroeste, en el Municipio de Ensenada, B.C., en el lugar denominado "El Sauzal", forma parte integrante de la Cuenca Hidrológica "Arroyo la Escopeta – Cañón San Fernando".

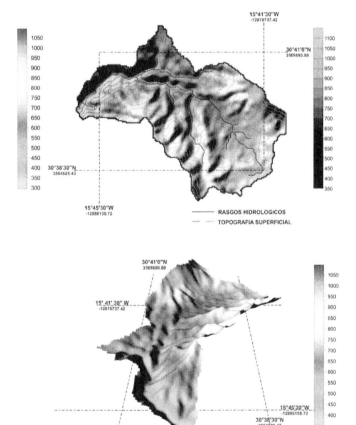

*Figura 7. Localización de la zona de estudio: Arroyo La Escopeta*

43

La única vía de comunicación terrestre a la zona del proyecto, es la carretera Transpeninsular Ensenada – La Paz: a la altura del km 185, en las inmediaciones del poblado Lázaro Cárdenas, se inicia un camino de terracería, sumamente accidentado, por el cual, con dirección Este, se llega a la zona de estudio, haciendo un recorrido aproximado de 21 km.

**IV.2.- Estudios topográficos y geológicos**

La zona seleccionada para la construcción de la presa, se muestra en la Figura 7. El área de captación de escurrimientos inherente a la boquilla tiene una extensión de 23, 250,000 m$^2$ (superficie de la cuenca). El vaso de almacenamiento abarca un área de 38,272.00 m$^2$ y un volumen de 25,977.59 m$^3$. La longitud del cauce es de 7.11 km y su pendiente de 0.0196 m.

Se considera que el sitio propuesto es topográficamente adecuado para la boquilla, ya que, transversalmente ésta es la parte más angosta a lo largo de la barranca y cuenta con un espacio favorable aguas arriba para alojar el vaso de almacenamiento. Se espera que esta característica topográfica, implique un volumen y operaciones para el tratamiento de la cimentación, menores al de una boquilla más amplia.

Geológicamente hablando, el suelo predominante en la zona de estudio es del tipo Regosol, de clase textural gruesa, constituido principalmente por arenas, con menores porcentajes de arcillas y limos, de espesores variables, reposando sobre roca ígnea extrusiva.

## SIMBOLOGIA

—— Parteaguas de la cuenca

**Unidades geológicas impermeables y semi-impermeables**

Igea Roca ígnea extrusiva ácida

Igia Roca ígnea intrusiva ácida

Bva Brecha volcánica ácida

cg Conglomerado

*Figura 8. Geología de la cuenca Arroyo la Escopeta-Cañón San Fernando se localiza en la región del Valle de San Quintín al sur de la ciudad de Ensenada.*

El área de construcción de la boquilla (eje y paredes del arroyo) y ambos márgenes del arroyo, están formados por masas de rocas ígneas extrusiva y metamórficas sanas, de media a alta densidad, baja absorción y alta resistencia a la compresión.

Con base en dichas características, se considera que geológicamente el sitio es favorable para almacenar agua. Sin embargo, se deberá llegar hasta la roca sana para cimentar la obra con el fin de que ésta funcione adecuadamente.

### IV.3. Mecánica de suelos

Con base en los resultados del Estudio y Proyecto para Conservación de Suelo y Agua denominado "El Sauzal", se determinó que la cortina se ubicará sobre un lecho formado por macizos de roca sana, que presentan una resistencia a la ruptura que va de 159 a 165 kg/cm$^2$. El área elegida para la construcción de la boquilla tanto eje, paredes y márgenes del arroyo, están formados por masas de rocas ígneas y metamórficas sanas, de media a alta densidad, de baja absorción y alta resistencia a la compresión.

45

## IV.4. - Estudios hidrológicos

### IV.4.1 Análisis de precipitación

En la figura 9 se puede observar la variabilidad de la precipitación media anual registrada en la zona de estudio por la estación climatológica 023 "Las Escobas" de la CONAGUA, durante el periodo comprendido entre 1948 y 2001.

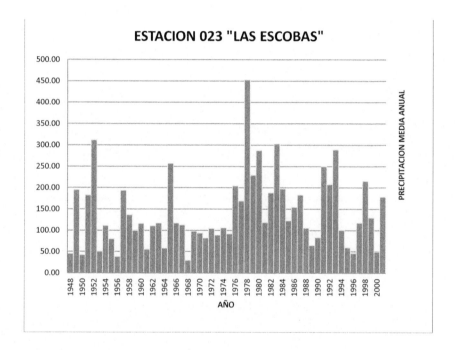

*Figura 9. Precipitación media anual acumulada (mm), registrada por la estación climatológica "Las Escobas" de la CONAGUA en San Quintín, B.C., México.*

A pesar de la variabilidad de la precipitación observada, es de suma importancia para la región aprovechar en la medida de lo posible el volumen de escurrimiento que pueda generarse en la zona de estudio. Calcular el volumen promedio, y el escurrimiento.

46

### IV.4.2. Análisis de escurrimientos
### IV.4.2.1. Volumen escurrido medio anual

El volumen escurrido medio anual se determina empleando ecuación 1, y resulto un volumen medio anual de $332{,}707.50$ m$^3$.

### IV.4.2.1. Coeficiente de escurrimiento

Para obtener el valor del coeficiente de escurrimiento $c$ se hace uso de las Tablas V, VI y VII. De este análisis se obtuvieron los siguientes resultados:

|  | Mínimo | Máximo |
|---|---|---|
| • considerando una vegetación del tipo: bosque | 5 | 20 |
| • considerando una superficie: mediana | 15 | 15 |
| • considerando una precipitación: menor a 800mm | 0 | 5 |
|  | 20 | 40 |

Tomando en cuenta estos valores se determinaron los coeficientes de escurrimiento mínimo y máximo.

$$cmin \ = 20 / 3 = 6.6667 \% \quad ; \quad cmax \ = 40 / 3 = 13.333 \%$$

Una vez determinados los coeficientes anteriores, mediante el uso de la ecuación 2 se calculó el coeficiente de escurrimiento medio.

$$cmed = \frac{6.6667 + 13.333}{2} = 10\%$$

Sustituyendo en la ecuación 1 tenemos entonces que para el volumen medio es:

$$V_m = (23{,}250{,}000)(0.10)(0.1431) = 332{,}707.50 m^3$$

Calculando volumen máximo y volumen mínimo tenemos:

$$V \max = (23{,}250{,}000)(0.1333)(0.45290) = 1\,403{,}639.00 m^3$$

$$V \min = (23{,}250{,}000)(0.0667)(0.0295) = 45{,}747.86 m^3$$

**IV.4.3. Gasto de diseño**

Para obtener el gasto de diseño se han empleado las técnicas siguientes:

1) Método Racional, específicamente la ecuación 16, resultando un valor de $Q_1 = 55.70$ m$^3$/seg.

2) Hidrograma unitario triangular (ecuación 17), generándose un $Q_2 = 50.53$ m$^3$/seg.

3) Curvas Envolventes:

Mediante el método de Creager (ecuación 18) se tiene un $Q = 114.29$ m$^3$/seg. De dicho valor se toma solo el 50%, tal como lo marca la SRH, por lo tanto, el gasto de diseño será $Q_3 = 57.15$ m$^3$/seg.

A través del método de Lowry (ecuación 20) se obtiene un $Q = 188.19$ m$^3$/seg. De acuerdo con la recomendación de la SRH se considera únicamente el 25% de dicho gasto, por lo tanto, el gasto de diseño será $Q_4 = 47.04$ m$^3$/seg.

Finalmente, por ser el gasto usado con mayor frecuencia emplearemos el obtenido mediante el método del hidrograma unitario triangular $Q = 50.53$ m$^3$/seg.

**IV.5. Diseño de la obra**

**IV.5.1. Análisis del vaso de almacenamiento**

Usando la metodología descrita en el capítulo anterior se calcula el vaso de almacenamiento

### IV.5.2. Volumen aprovechable

El cálculo del volumen aprovechable $V'$ se realiza con la ecuación 3. $V' = 322,07.50 \ m^3$.

Para determinar la eficiencia nos apoyamos en la figura 10, en esta figura se representa la forma de aprovechar el agua al almacenarse en el vaso, primero debemos calcular el porcentaje de variación del régimen $\%V_1$, el cual se determina con la ecuación 8:

$$\%V_1 = \frac{1403639.003 - 45747.86}{332707.50} \times 100 = 408.13$$

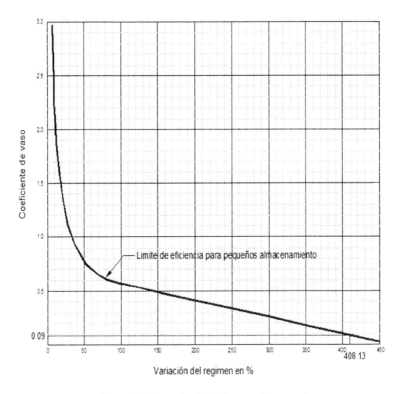

*Figura 10. Curva de eficiencia para almacenamientos*

De la figura 10 podemos determinar que el valor de la eficiencia es de $e = 0.09$.

49

Para calcular el porcentaje de aprovechamiento empleamos la información que aparece en la figura 11 y obtuvimos que valor de $C_1 = 0.1694$.

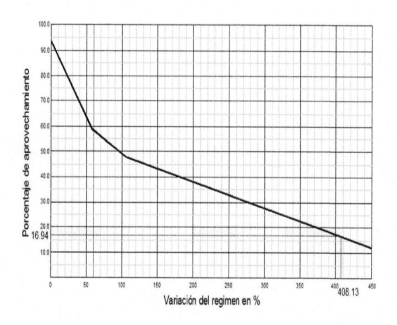

*Figura 11. Curva de porcentaje de aprovechamiento*

Calculando el volumen aprovechable tenemos que:

$$V = 0.17 \times 332,707.50 = 56,560.28m^3$$

### IV.5.3. Capacidad útil

Para determinar la capacidad útil del vaso de almacenamiento se empleó la ecuación 5 y se obtuvo $C_u = 628{,}447.50 \ \text{m}^3$.

### IV.5.4. Capacidad de azolves

Para determinar la capacidad de azolves se empleó la ecuación 6, considerando que este tipo de obras tendrá una vida útil de 25 años y un porcentaje 0.162% ¿??, obteniendo que la capacidad de azolves es $C_a = 13{,}474.65 \ \text{m}^3$.

### IV.5.5. Capacidad de total

La capacidad total es la suma de la capacidad útil y la capacidad de azolves, empleando la ecuación 7 se obtuvo $C_t = 641{,}922.20 \ \text{m}^3$.

### IV.5.6. Análisis de la boquilla

Con base en la topografía de la boquilla (figura 12), el vaso de almacenamiento y la ubicación de la cortina se obtienen la gráfica de áreas – capacidades y el perfil de la boquilla sobre el eje.

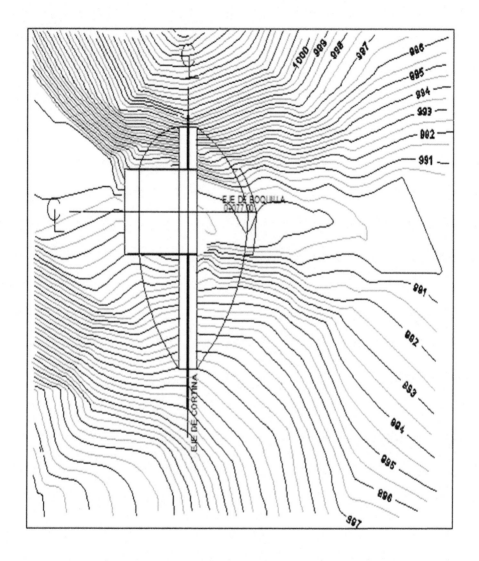

*Figura 12. Vista en planta del eje de la boquilla con curvas de nivel*

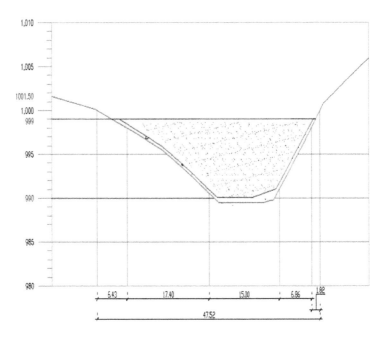

**Figura 13.** *Vista de corte transversal del eje de la cortina*

Con base en la figura 13 podemos determinar que la parte más baja del cauce del arroyo se ubica sobre la cota 989.00m.

Y sobre el margen derecho e izquierdo del arroyo se elige la cota 999.00 (que representa el NAN).

Con las cotas definidas en la figura 13 y con el análisis de la gráfica áreas-capacidades, se realiza una propuesta de los posibles niveles a usar, para definir la cota de la cresta vertedora de la obra de excedencia.

53

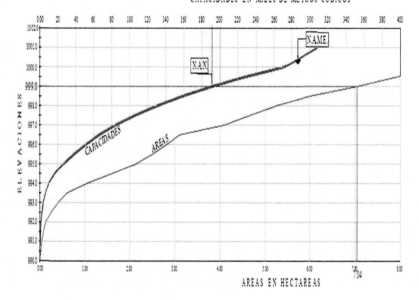

CAPACIDADES EN MILES DE METROS CUBICOS

AREAS EN HECTAREAS

*Figura 14. Curva Áreas –Capacidades-Elevaciones*

El NAN (nivel de aguas normales) es igual al nivel de aguas máximas de operación u ordinarias y es igual a la elevación de la cresta vertedora, en vertedores de cresta libre. Tomando en cuenta los objetivos del presente estudio consideramos conveniente fijar como NAN la cota 999.00, con la cual se alcanza un volumen de almacenamiento de 191,358.87 $m^3$, la altura de la cortina queda de 9.00 m. Finalmente, para los cálculos posteriores se toma como capacidad total de almacenamiento: $C_{ta}$ =191,358.87 $m^3$.

De acuerdo con la capacidad total que se acaba de obtener, se observa que no es posible obtener la capacidad total calculada {incluye el valor de la capacidad total calculada, para fines de comparación con la que acabas de calcular}. Con base en lo anterior se establece que esta obra no servirá como bordo de almacenamiento de agua, únicamente será útil para contener el agua

54

escurrida por un lapso de tiempo y promover la infiltración con fines de recarga de los acuíferos cercanos a la obra.

Tomando en cuenta que esta obra será construida únicamente con fines de recarga de acuíferos, es necesario calcular nuevamente la capacidad de azolves, ya que para este tipo de obras la CONAGUA recomienda considerar un tiempo de vida útil de 20 años, se obtuvo una capacidad de azolves: $C_a = 10,779.72 \text{ m}^3$.

En consecuencia la capacidad útil de la obra será: $C_u = 180,579.15 \text{ m}^3$.

Con base en estos resultados, se puede afirmar que la capacidad total para el nivel 999.00 m será suficiente para recibir los azolves y aun así contará con capacidad útil al termino de vida de la obra. Hasta este punto de la propuesta de diseño de la obra, aún se debe revisar si el vaso de almacenamiento tendrá capacidad para regular la avenida máxima de diseño, para que la obra sea segura.

A la capacidad total de 180,579.15 $\text{m}^3$ se le hace un ajuste por evaporación. Con base en la información de la estación climatológica 023, la evaporación media anual es de 1,504.60mm, y de la figura 14 se obtiene que el espejo de agua para el nivel 999.00m es de 7.04 ha (70,400.00 $\text{m}^2$), se generará un volumen de evaporación igual a 105,923.84 $\text{m}^3$. Por lo tanto, la capacidad útil total es: $C_{ut} = 180,579.15 - 105,923.84 = 74,655.31 \text{ m}^3$.

### IV.5.7. Análisis de la supercapacidad

Para determinar la supercapacidad de la obra por recomendación de la extinta Dirección General de Infraestructura Rural (SARH, 1987), se debe considerar una carga hidráulica aproximada de 1.00 m y un bordo libre de 0.50 m por encima del NAN, por lo que, para la cota de 1,000.50 m se tendrá con base en la figura 14 un $V_s = 286,420.00 \text{ m}^3$.

**IV.5.8. Análisis de la Avenida de diseño**

Para el cálculo de la lluvia de tormenta se consideró un gasto de diseño $Q = 50.53$ m³/seg y se empleó el hidrograma que se muestra en la figura 15, finalmente se obtuvo un volumen de la avenida máxima de: 357,926.76 m³.

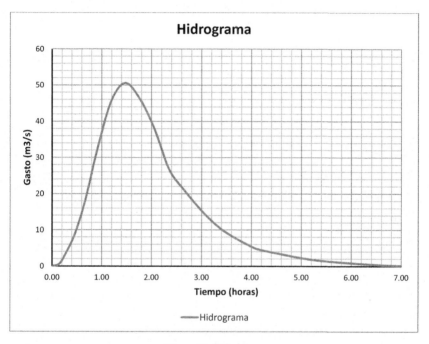

*Figura 15. Hidrograma*

Con este nuevo volumen la altura que se necesita para retener la tormenta de diseño sería de: $H = 5.038$ m, más los 9.00m sugeridos anteriormente, $Ht = 14.038$ m. Sin embargo, topográficamente no es factible construir una obra con esta altura, puesto que la elevación del terreno máxima de construcción que nos permite la cuenca es de 11.50 m. Por tal razón, se propone una obra hidráulica a base de gaviones con una altura de 4.00 m, la cual sirva para contribuir a la recarga de acuíferos.

**IV.5.9 Análisis del vertedor de demasías**

En el análisis de capacidades se determinó que el vaso no tiene capacidad de regulación, por lo tanto el vertedor deberá diseñarse para permitir el paso del gasto de diseño máximo calculado en el estudio hidrológico para la tormenta de diseño.

Las características topográficas de la boquilla obligan a considerar que el vertedor forme parte del cuerpo de la cortina, por lo que se consideró un vertedor frontal de descarga libre, y entre los más eficientes de este tipo se tiene el de cimacio con perfil Creager, pare ello se realizó el cálculo de los parámetros que se lista a continuación.

| | |
|---|---|
| Carga hidráulica de diseño (altura inicial): | $H_{oi} = 1.50$ m |
| Longitud efectiva del vertedor: | $L = 18.51$ m |
| Gasto específico en el cimacio del vertedor: | $q_{ext} = 2.73$ m$^2$/seg |
| Ancho del canal de acceso: | $B_{acc} = 22.46$ m |
| Gasto específico en el canal de acceso: | $q_{acc} = 2.25$ m$^3$/seg |
| Pérdidas longitudinales en el canal de acceso: | $h_{fl} = 0.0097$ m |
| Pérdidas por entrada en el canal de acceso: | $h_{fe} = 0.023$ m |
| Pérdidas totales en el canal de acceso es de: | $\sum hf_{canal} = 0.033$ m |
| Carga hidráulica final: | $H_{of} = 1.467$ m |

Después de verificar que $H_{of}/H_{oi} \geq 0.95$, ya que, con base en los datos anteriores dicha operación resulta con un valor de 0.978, seguimos con el cálculo de los demás parámetros del vertedor.

| | |
|---|---|
| Altura inicial: | $H_o = H_{oi} = 1.467$ m |
| Longitud efectiva definitiva: | $L = 19.05$ m |
| Longitud total: | $Lt = 19.64$ m |
| Ancho del vertedor: | $S = 2.934$ m |
| Tirante crítico sobre el vertedor: | $h = 0.82$ m |

Los datos para la curva capacidad de servicio del vertedor se presentan en la figura 16.

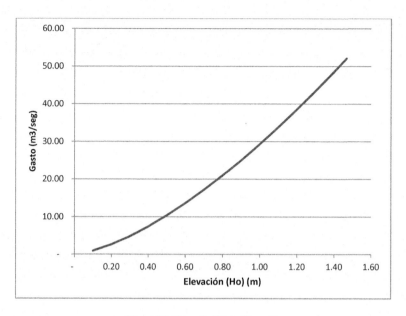

*Figura 16. Curva de Gasto-Elevación*

58

### IV.5.10. Diseño del cuerpo de la cortina.

Como se mencionó anteriormente, calcularemos una cortina a base de gaviones de 4.00 m de altura la cual servirá únicamente para contribuir la recarga de los acuíferos cercanos a la obra.

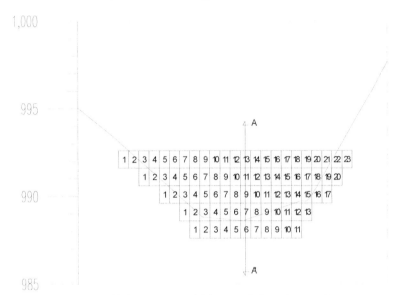

*Figura 17. Corte transversal del cuerpo de la cortina-vertedor*

Ya calculadas las dimensiones del vertedor tenemos que para el gasto calculado se necesitará un vertedor de 19.62 m de longitud, y 3.00 m de ancho, por lo que del análisis de la figura 17, se obtuvo que para una altura de 4.00 m se podría construir una obra con un ancho de cortina de 20.55 m, en tal caso se propone un vertedor de cresta ancha, el cual estaría ubicado a todo lo largo de la cortina. Con base en la propuesta de un vertedor de cresta ancha, el proceso de análisis estructural hidráulico para el diseño del cuerpo de la cortina y la información presentada en la figura 18, a continuación se lista los parámetros resultantes.

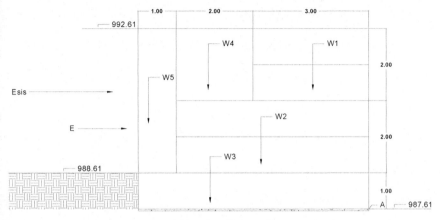

*Figura 17a. Corte A-A'*

Análisis de la cota 987.61 a la 992.61.

**Peso específico del gavión saturado:** $\qquad$ $\gamma_{gs} = 2,135.00 \text{ kg/m}^3$

Suma de Fuerzas verticales ($\sum f_{ver}$)

Fuerzas verticales totales: $\qquad\qquad\qquad\qquad$ $F_{ver} = 55,370.00 \text{ kg}$

Supresión tenemos: $\qquad\qquad\qquad\qquad\qquad$ $S = 11,025.00 \text{ kg/ml}$

$\qquad\qquad\qquad\qquad\qquad\qquad\qquad\qquad$ $\sum f_{ver} = 44,345 \text{ kg/ml}$

Suma de Fuerzas horizontales ($\sum f_{hor}$)

Fuerzas hidrostáticas: $\qquad\qquad\qquad\qquad\qquad$ $E = 13,125.00 \text{ kg/ml}$

Fuerzas sísmicas: $\qquad\qquad\qquad\qquad\qquad\qquad$ $E_{sis} = 609.87 \text{ kg/ml}$

$\qquad\qquad\qquad\qquad\qquad\qquad\qquad\qquad$ $\sum f_{hor} = 13,734.87 \text{ kg/ml}$

Estabilidad al deslizamiento: $F_{des} = 2.26 > 1.30$. Por lo tanto, $F_{des}$ es aceptable.

Seguridad al volteo o volcamiento: $C_{seg} = 2.25 > 1.30$. Por lo tanto, $C_{seg}$ es aceptable.

Resultante de fuerzas: $R = 46,423.33 \text{ kg}$.

Excentricidad: $l = 0.78$.

Esfuerzos en la base del gavión: $\sigma_{max} = 13,155.68 \text{ kg/m}^2$

**IV.5.11. Análisis del tanque de disipación.**

En el control de flujos hidráulicos es frecuente el diseño de estructuras disipadoras de energía. Los cuencos o tanques disipadores de energía tienen aplicaciones prácticas e importantes en el diseño de obras hidráulicas, un cuenco disipa la energía del agua que fluye sobre presas, vertederos y otras estructuras hidráulicas, para que de esta manera se prevenga la socavación aguas debajo de las estructuras. Los tanques disipadores ayudan a recuperar altura o aumentar el nivel del agua en el lado de aguas abajo de una canaleta de medición, y mantener un nivel alto del agua en el canal de irrigación o de cualquier estructura para distribución de aguas. Asimismo permiten incrementar el peso sobre la zona de aguas abajo de una estructura de mampostería y reducir la presión hacia arriba bajo dicha estructura, aumentando la profundidad del agua en su zona de aguas abajo, y permiten aumentar el caudal por debajo de una compuerta deslizante manteniendo alejada la profundidad de aguas abajo, debido a que la altura efectiva se reducirá si la profundidad de aguas abajo ahoga el resalto.

El tanque se puede diseñar con o sin revestimiento, por lo que primero se revisará si la lámina de agua al caer erosiona el fondo del cauce hasta formar un colchón de agua que puede disipar la carga cinética de la lámina misma. Las cimentaciones deberán tener profundidades mayores de la socavación por lo que se debe calcular de la distancia desde el dique al punto donde la lámina choca contra el fondo para poder obtener la profundidad de erosión (Maccaferri, 1982).

Considerando el tanque sin revestimiento obtenemos los siguientes resultados:

**Tirante medio del cauce:** $\qquad$ $Y_3 - Y_2 = 0.66$ m.
Velocidad crítica: $\qquad$ $V_{crit} = 2.55$ m/seg.
Distancia de caída: $\qquad$ $X = 2.81$ m.
Profundidad de socavación: $\qquad$ $Y_3 - Y_4 = 2.53$ m.
Finalmente, $Y = (Y_3 - Y_4) - (Y_3 - Y_2) = 1.87\ m > 1.00$. Este valor no es recomendable.

61

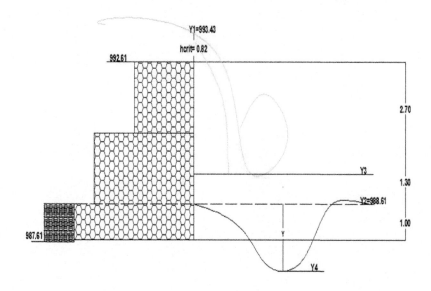

*Figura 18.Tanque de disipación*

Por lo que resulta necesario calcular el tanque de disipación revestido, ya que sin este tendríamos socavaciones que afectarían a la obra.

Considerando un tanque con revestimiento a base de gaviones, como el que se ilustra en la figura 19, los resultados del análisis son:

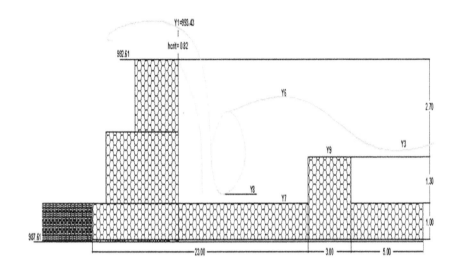

*Figura 19.Tanque de disipación con revestimiento de gaviones*

**Dimensionamiento del tanque:**

Tirante crítico $Y_8 - Y_7 = 0.28$m

Tirante crítico $Y_6 = 1.96$ m.

Tirante crítico $Y_6 - Y_9 = 0.95$ m.

Tirante $Y_4 - Y_7 = 1.44$ m.

Longitud del tanque: $L_t = 16.64$ m.

Para revisar el sifonamiento, se empleó el procedimiento de Lane, donde se debe cumplir con la siguiente condición $L_{imp} > C\Delta h$: $6.00 > 2.04$, este parámetro es aceptable.

Estabilidad y flotamiento: $\rho = 3,114.93$ kg.

Supresión: $S_g = 2.15 > 1.00$, valor aceptable.

Revisando la estructura por la altura crítica cuando se llegue a presentar la avenida de diseño se tiene:

Como se vio en el análisis hidrológico la altura que se requiere para la avenida de diseño es de 14.04 m. Por lo que se revisará que la obra no sufra ningún daño cuando se presente esta y se eleve por arriba de la cortina en 10.04 m.

Altura crítica sobre el vertedor: $h = 5.62$ m.

Estabilidad y flotamiento: $\rho = 10,262.70$ kg.

Supresión: $S_g = 1.62 > 1.00$, valor aceptable.

El resultado final de todo el análisis explicado en esta sección, para el diseño de una obra hidráulica a base de gaviones en el sitio denominado El Sauzal, se presenta en la figura 20.

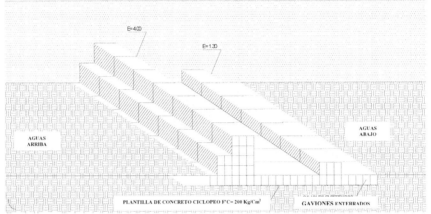

*Figura 20. Isométrico de la propuesta de diseño de una obra hidráulica a base de gaviones para el sitio denominado El Sauzal, en San Quintín, Baja California.*

## IV.6. Discusión de resultados

Como se mencionó en la sección I.1, en la zona de estudio existió un bordo que colapsó en su totalidad durante un periodo crítico de lluvia registrado en el invierno de 2010. Dada la urgente necesidad en la zona de estudio de tener un mejor manejo del recurso hídrico, en el presente trabajo se propone un nuevo diseño para la construcción de una obra hidráulica en el mismo sitio, pues existen estudios que confirman que el sitio es adecuado para la construcción de este tipo de obra.

En la siguiente tabla se resume los principales parámetros para el diseño de una pequeña obra hidráulica como la propuesta, y se presenta los parámetros del estudio previo, en la última columna de la tabla se hace un contraste de resultados.

**Tabla XII. Principales parámetros para el diseño de una pequeña obra hidráulica**

| Parámetros | Diseño previo $(d_p)$ | Diseño nuevo (propuesto en el presente trabajo) $(d_n)$ | $r = \left[\frac{(d_n-d_p)}{d_p}\right](100)\,(\%)$ |
|---|---|---|---|
| 1.-Capacidad útil: | 172,222.98 m³ | 180,579.15 m³ | 5 |
| 2.-Avenida máxima: | 40.08 m³/seg | 50.53 m³/seg | 26 |
| 3.- Volumen de la capacidad de almacenamiento: | 191,358.87 m³ | 357,926.76 m³ | 87 |
| 4.-Altura de máxima hasta la cresta del vertedor: | 11.00 m | 14.00 m | 27 |
| 5.-Diseño del vertedor: | 15.00 m de largo X 1.32 m de altura X 4.00 m de ancho | 20.55 m de largo X 1.50 m de altura X 4.00 m de ancho | NA |
| 6.-Diseño de la cortina: | 11.00 m | 4.00 m | NA |

La razón $r = \left[\frac{(d_n-d_p)}{d_p}\right](100)$ indica que en el diseño anterior se subestimó la magnitud de los parámetros hidrológicos, esto podría haber sido la causa que ocasionara el colapso de la estructura previa, debido a problemas de socavación y sifonamiento en conjunto.

Una diferencia importante entre ambos diseños es que en el diseño propuesto en este trabajo la longitud del vertedor es de 20.55 m y corresponde a la longitud total de la cortina, a diferencia del diseño anterior cuya longitud es de 15.00 m de largo.

De los resultados mostrados en la tabla anterior podemos resaltar que una de las principales diferencias entre los diseños corresponde al diseño de la cortina, en la propuesta previa el material de construcción fue de concreto con una altura de 11.00 m, mientras que nuestra propuesta es una cortina de 4.00 m de altura construida a base de gaviones.

## V. CONCLUSIONES

Con base en los resultados obtenidos del análisis para el diseño de una pequeña obra hidráulica se tiene las siguientes conclusiones:

❖ Del análisis del vaso de almacenamiento se determinó una capacidad de captación de 74,655.00 m$^3$, misma que se estima la obra sea capaz de captar aun transcurridos los 20 años de vida útil.

❖ Los resultados sugieren que el volumen de la avenida máxima es de 357,926.76 m$^3$. Para retener este volumen se requeriría levantar una cortina-vertedor de 14.00 m, pero topográficamente esto no es posible, ya que la construcción de una obra de esas dimensiones rebasaría las elevaciones del terreno en ciertas áreas del vaso de almacenamiento, lo que provocaría el cambio en la dirección natural de los arroyos y posiblemente daños ambientales y sociales en la zona. Por lo que se propone construir una pequeña obra hidráulica a base de gaviones, de 4.00 m de altura y una longitud total de vertimiento de 20.55 m. Esto permitiría que cuando llegue el volumen proyectado con la tormenta de diseño pase libremente por encima de la estructura proyectada logrando con así bajar la velocidad del agua y contribuir de esta forma a la infiltración con fines de recarga del manto acuífero de la zona de estudio.

## REFERENCIAS

Comisión Estatal del Agua (CEA), 2003. Programa Estatal Hidráulico 2003-2007. Mexicali: B.C.

Comisión Nacional del Agua (CONAGUA), 1998. Consejo de Cuenca del Río Bravo, México.

Comisión Nacional del Agua (CONAGUA), 2012. *Agua en el Mundo*.

Consejos de Cuenca 2006. Hechos y cifras en línea. Disponible en: ftp://ftp.consejosdecuenca.org.mx/pub/downloads/CNA/Dir_Gral/Tema_8.pdf

Espejel I. A. Hernández, H. Riemman, L. Hernández, 2005. Propuesta para un nuevo municipio, con base en las cuencas hidrográficas. Estudio de Caso: San Quintín, B.C. Gestión y Política Pública, Vol. XIV, No.1, pg. 129-168.

Garduño, Everardo, Efraín, García, Patricia Moran , 1989. Mixtecos en Baja California. El caso de San Quintín, Ed. Universidad Autónoma de Baja California.

Instituto Municipal de Investigación y Planeación (IMIP), 2004. Programa de Desarrollo Urbano de los Centros de Población de San Quintín y Vicente Guerrero (PDUCPSQ-VG) 2003 Instituto Nacional de Estadística, Geografía e Informática (INEGI), 1997. División territorial del estado de Baja California de 1810 a 1995, México, INEGI.

Instituto Nacional de Estadística, Geografía e Informática (INEGI), 2001. Síntesis de Información geográfica del Estado de Baja California..

Jiménez H. ,1992. Hidrología básica, Facultad de ingeniería de la universidad del Valle, Cali, Colombia 187. Paginas

Maccaferri (1982). Diseño de obras hidráulicas con gaviones.

Meza-Hernández, María 1998, Los consejos de cuenca y la gestión integral del agua en la región de San Quintín, tesis de maestria en Administración Integral del Ambiente, Tijuana, Baja California, El Colegio de la Frontera Norte/CICESE.

Moreno Mena, José A.,1999. "Flexibilización y precariedad en los mercados de trabajo agrícolas de Baja California" en Primer Foro de trabajo en el campo michoacano, CIDEN, SEDESOL, Jornaleros Agrícolas, Colegio de Michoacán, México.

Programa de Desarrollo Urbano de los Centros de Población San Quintín y Vicente Guerrero, (PDUCPSQ- VG.), 2003. Periódico Oficial del Estado, 2 de mayo, Sección II, pp.1- 154.
Ramírez-Orozco A., Gómez-Martínez J.F., Campos-Aranda D.D. 2005. Actualización de las envolventes regionales de gastos máximos para la república mexicana.. Ingeniería hidráulica en México, vol. XX, núm. 1, 99-108.

Riemann, Hugo, 1999. Las cuencas hidrográficas de la Península de Baja California, Manuscrito, Tijuana, Baja California, El colegio de la Frontera Norte.

Sánchez Soler, Martha y Alberto Hernández, 1998. "Reporte de la Reunión Regional con Migrantes Indígenas", México, Comisión de Desarrollo de Zonas Indígenas, Baja California, 16-19 de octubre (manuscrito).

Secretaría de Agricultura, Ganadería, Desarrollo Rural , Pesca y Alimentación (SAGARPA), 2009. Información sector agropecuario, CADER San Quintín, Baja California.

Secretaría de Agricultura, Ganadería, Desarrollo Rural , Pesca y Alimentación (SAGARPA), 2009. Presa de gaviones.

Secretaria de fomento Agropecuario (SEFOA), 2010 Información Agropecuaria del Valle de San quintin. Reporte Técnico.

Secretaria de Recursos Hidráulicos (SRH). Pequeños almacenamientos, pagina 130-138.

Secretaria de Recursos Hidráulicos (SRH), 1976. Presas de derivación, paginas 23-70.

Secretaria de Recursos Hidráulicos (SRH), 1988. Lineamientos generales para la construcción de un bordo con fines de abrevaderos.

Secretaria de Recursos Hidráulicos (SRH), 1985. Diseño de presas pequeñas.

Toledo Alejandro, 2002. El agua en México y el Mundo. Gaceta Ecológica, Instituto Nacional de Ecología, 64, p 9-18

Velasco Ortiz, Laura, 2000. Imágenes de violencia desde la frontera México-Estados Unidos: Migración indígena y trabajo agrícola, El Cotidiano, UAM-Azcapotzalco año/vol. 16, núm. 101, Mayo-Junio, México, pp. 92-102.

Zlolniski, Christian, 2010., "Economic Globalization and Shifting Capital-Labor Relations in Baja California's Export-Oriented Agriculture." In The Anthropology of Unions. Edited by Paul Durrenberger and Karaleah Reichart. University Press of Colorado .

**Apéndice A**

**Consideraciones básicas y detalles del cálculo realizado para el diseño propuesto**

**Datos de la cuenca en estudio**
Área de la cuenca = 23.25 Km$^2$
Longitud del cauce = 7.11 Km
Pendiente  S = 0.0196

**Análisis de precipitación**
De los datos de precipitación anuales reportados por la estación 023 se obtiene la precipitación máxima, media y la mínima para la zona de estudio.

**Análisis del vaso de almacenamiento**
Usando la metodología descrita en el capítulo tres se calcula el vaso de almacenamiento.

1)      Cálculo del volumen escurrido medio anual, se determina con la ecuación
$( V_m = Ac P_m )$

2)  Calculo del coeficiente de escurrimiento

Para obtener el valor de c se hace uso de las tablas V, VI y VII descritas en el capítulo tres, de las cuales se obtienen los siguientes resultados.

|  | Mínimo | máximo |
|---|---|---|
| • **considerando vegetación (área bosque)** | 5 | 20 |
| • **considerando la superficie (mediana)** | 15 | 15 |
| • **considerando la precipitación (menor 800)** | 0 | 5 |
|  | 20 | 40 |

Obtenidos estos valores determinamos el coeficiente de escurrimiento, mínimo y máximo.
cmin = 20 / 3 = 6.6667 %
cmax = 40 / 3 = 13.333 %

Determinados los coeficientes anteriores con el uso de la ecuación no.2 se calcula el coeficiente de escurrimiento medio.

cmed =  (6.6667 + 13.333 ) /  2  = 10 %

Sustituyendo en la ecuación no.1 tenemos entonces que para el volumen medio es:
$$V_m = (23,250,000)(0.10)(0.1431) = 332,707.50 m^3$$
Calculando volumen máximo y volumen mínimo tenemos:

$$V \max = (23,250,000)(0.1333)(0.45290) = 1'403,639.00 m^3$$
$$V \min = (23,250,000)(0.0667)(0.0295) = 45,747.86 m^3$$

3)      Calculo del volumen aprovechable este se realiza con la ecuación no 3. Del capítulo de tres.

Sustituyendo tenemos:
$$V_m = (23,250,000)(0.10)(0.1431) = 332,707.50 m^3$$
Para entrar a la figura 10 y con esta determinar la eficiencia, la cual representa la forma de aprovechar el agua al almacenarse en el vaso, primero debemos calcular el %variación del régimen el cual se determina con la ecuación no. 8:

$$\%V_1 = \frac{1403639.003 - 45747.86}{332707.50} \times 100 = 408.13$$

De la figura 10 tenemos entonces que el valor de la eficiencia es de **e = 0.09.**
Para calcular el % de aprovechamiento entramos a la figura 11 y obtenemos que el valor del porcentaje de aprovechamiento **$C_1 = 0.1694.$**

Calculando el volumen aprovechable tenemos que:

$$V' = 0.17 \times 332,707.50 = 56,560.28 m^3$$

**4) Cálculo de la eficiencia del vaso**
De la figura 11 se obtuvo:

$$e = \frac{V'}{C_u} = 0.09$$

**5) Cálculo de la capacidad útil del vaso**

$$C_U = \frac{V'}{e}$$

Sustituyendo en la ecuación no.5:

$$C_U = \frac{56,560.28'}{0.09} = 628,447.50 m^3$$

**6) Cálculo de azolves**
En pequeños almacenamientos se ha fijado una vida útil de 25 años, lo que habrá de tomarse en cuenta para determinar la capacidad de azolves, el porcentaje es variable. En la zona media es 0.162%

$$C_a = 0.00162 \times 25 \times Vm$$

Sustituyendo en la ecuación no.6:

$$C_a = 0.00162 \times 25 \times 332,707.50 = 13,474.65 m^3$$

**7) Capacidad total**
La capacidad total es la suma de la capacidad útil y la de azolves.

$$C_t = Cu + Ca$$

Sustituyendo en la ecuación no.7:

$$C_t = 628,447.55 + 13,474.65 = 641,922.20 m^3$$

72

**Análisis de la boquilla**

De acuerdo con la topografía de la boquilla (véase figura 12), el vaso de almacenamiento así como la ubicación de la cortina se obtienen la gráfica de áreas – capacidades (véase figura 14) y el perfil de la boquilla sobre el eje (véase figura 13), analizando esta información obtenemos las siguientes características:

- De la figura 13 podemos determinar que la parte más baja del cauce del arroyo se ubica sobre la cota 989.00m.
- Y sobre el margen derecho e izquierdo del arroyo se elige la cota 999.00.

Con las cotas definidas y con el análisis de la gráfica áreas-capacidades, se realiza una propuesta de los posibles niveles a usar, para definir la cota de la cresta vertedora de la obra de excedencia.

El NAN (nivel de aguas normales) es igual al nivel de aguas máximas de operación u ordinarias y es igual a la elevación de la cresta vertedora, en vertedores de cresta libre. Tomando en cuenta los objetivos del presente estudio se consideró conveniente fijar como NAN la cota 999.00, para la cual se tiene un volumen de almacenamiento de 191,358.87 m$^3$, la altura de la cortina queda de 9.00 m. Finalmente, para los cálculos posteriores se toma como capacidad total de almacenamiento el valor de:

$$Cta = 191,358.87 \text{ m}^3$$

De acuerdo a la capacidad total, se observa que no es posible obtener la capacidad total calculada. Por lo anterior se confirma que esta obra no servirá como bordo de almacenamiento de agua sino únicamente para contener el agua escurrida por un lapso de tiempo y promover la infiltración con fines de recarga de acuíferos cercanos a la zona de la obra.

Una vez definido el objetivo de la obra, es necesario calcular nuevamente la capacidad de azolves, dado que la CONAGUA señala que para este tipo de obras se considere una vida útil de máximo 20 años.

$$C_a = 0.00162 \times 20 \times 332,707.50 = 10,779.723 m^3$$

Por lo que la capacidad útil de la obra es:

$$Cu = 191,358.87 - 10,779.723 = 180,579.147 m^3$$

Con esto se garantiza que la capacidad total para el nivel 999.00 m es suficiente para recibir los azolves y aun le resta capacidad útil al termino de vida de la obra. En esta propuesta aún debe revisarse si el vaso de almacenamiento tiene capacidad para regular la avenida máxima de diseño, para que la obra sea segura.

A la capacidad total de **180,579.147 m$^3$** se le hace un ajuste por evaporación, que para la zona de estudio es de 1,504.6 mm/año y el espejo de agua para el nivel 999.00 m es de 3.8272 Has.

$$Evaporacion = 70,400 m2 \times 1.5046 m = 105,923.84 m^3$$

Por lo tanto la capacidad útil total es:

$$Cut = 180,579.147 m^3 - 105,923.84 m^3 = 74,655.31 m^3$$

**Análisis de la supercapacidad**

Esta se define una vez conocida la carga hidráulica sobre el vertedor (H) de demasías. Sin embargo por experiencias y recomendaciones de la extinta Dirección General de Infraestructura Rural (SARH, 1987), se debe considerar una carga hidráulica aproximada de 1.00 m y un bordo libre de 0.50 (a reserva de modificarse ambos valores, una vez realizado el análisis hidráulico para el diseño de la obra de excedencias), así que usando la figura 14 se determina que para la cota 1000.5 m tendríamos

$$V_s = 286,420 \ m^3$$

**Análisis del Gasto de diseño**

Método Racional ecuación no.16:

$$Q = 0.278CIA$$

donde:

C = coeficiente de escurrimiento
I = intensidad
A = área de la cuenca

El coeficiente de escurrimiento se obtiene de la relación lluvia en exceso entre la precipitación media:

$$C = \frac{He}{Hp}$$

Entonces tenemos que:

$$Hp = \frac{K \ Tc^{(1-e)}}{(1-e)}$$

donde:

Hp = precipitación media de diseño, en mm
e = variable en función del tiempo de concentración
Tc = tiempo de concentración de la cuenca, en hrs.

Para determinar el tiempo de concentración se utilizan tres criterios los cuales son.

Método de "Rowe":

$$Tc = \left[ \frac{0.87 \ L^3}{H} \right]^{0.385}$$

donde:

Tc = tiempo de Concentración, en horas
L = longitud Total del cauce más largo, en km.
H = desnivel total del colector, en m

Sustituyendo en la ecuación 10:

74

$$Tc = \left[\frac{(0.87)(7.11)^3}{139.35}\right]^{0.385}$$

$$Tc = 1.365 \text{ hrs}$$

Método de "Kirpich":

$$Tc = 0.000325\left[\frac{L}{\sqrt{S}}\right]^{0.77}$$

donde:

Tc = tiempo de Concentración, en horas
L = longitud total del cauce más largo, en m
S = pendiente media del cauce Principal (Taylor-Schwarz), adimensional

Sustituyendo en la ecuación no.11:

$$Tc = 0.000325\left[\frac{7110}{\sqrt{0.0196}}\right]^{0.77}$$

$$Tc = 1.363 \quad \text{hrs.}$$

Método del "Soil Conservation Service USA ( S.C.S. )":

$$Tc = \frac{L^{1.15}}{3085\Delta H^{0.38}}$$

donde:

Tc = tiempo de Concentración, en horas
L = longitud Total del cauce más largo, en km
H = desnivel total del colector, en m

Sustituyendo en la ecuación no.12:

$$Tc = \frac{7110^{1.15}}{(3085)(139.35)^{0.38}}$$

$$Tc = 1.335 \text{ hrs}$$

75

Finalmente se obtienen los siguientes resultados:

Método de Rowe   1.363   hrs .
Método de Kirpich 1.365   hrs
Método del SCS   1.335   hrs

El tiempo de Concentración considerado, para el Bordo "El Sauzal", será de 1.335 hr, obtenido por el Método propuesto por el S.C.S. por ser el más crítico y dar mayor seguridad para la finalidad del proyecto y objetivos del estudio.

Enseguida calculamos el valor de la variable "e" la cual está en función del tiempo de concentración:

$$e = \frac{0.5Tc + 0.333Tc}{2}$$

Sustituyendo tenemos:

$$e = \frac{(0.5)(1.335) + (0.333)(1.335)}{2} = 0.556$$

Conocido el valor de e se determina entonces:

$$k = \frac{(Hp24)(1 - e)}{24^{1-e}}$$

Sustituyendo tenemos:

$$k = \frac{(143.10)(1 - 0.556)}{24^{1-0.556}} = 15.50$$

Por lo que conocidas todas las variables se determina el valor de Hp

$$Hp = \frac{K\,Tc^{(1-e)}}{(1 - e)}$$

Sustituyendo en la ecuación no 13:

$$Hp = \frac{(15.50)(1.335)^{\,(1-0.556)}}{(1 - 0.556)} = 39.73mm$$

Una vez determinado el valor de la precipitación media (Hp) se calcula el valor de la lluvia en exceso (He) el cual queda de la siguiente manera:

$$He = \frac{10\left(\dfrac{Hp}{10} - \dfrac{508}{N} + 5.08\right)^2}{\left(\dfrac{Hp}{10} + \dfrac{2032}{N} - 20.32\right)}$$

donde:

    Hp = precipitación Media de Diseño, en mm
    N  = coeficiente


Para determina el valor del coeficiente N se utiliza la tabla VIII. Debido a que la cobertura vegetal en la zona, de acuerdo a la clasificación anterior, se puede establecer como Bosque Natural ralo de baja transpiración y suelo tipo "D". Para la cuenca en análisis se propone usar N = 84, que es el resultado de intersectar el tipo de suelo y cubierta vegetal considerados para este caso, según el cuadro anterior.

Por lo que sustituyendo en la ecuación no.14:

$$He = \frac{10\left(\dfrac{39.73}{10} - \dfrac{508}{84} + 5.08\right)^2}{\left(\dfrac{39.73}{10} + \dfrac{2032}{84} - 20.32\right)} = 11.518mm$$

Determinamos el valor de coeficiente de escurrimiento con la ecuación no.15:

$$c = \frac{11.518}{39.73} = 0.289$$

Para determinar la intensidad ( I ) tenemos que es igual a :

$$I = \frac{k}{(1-e)(Tc^e)}$$

Sustituyendo tenemos:

$$I = \frac{15.50}{(1-0.556)(1.335^{0.556})} = 29.753$$

Por lo que una vez determinadas todas la variables se calcula el gasto (Q)

$$Q = (0.278)(0.289)(29.753)(23.25)$$

$$Q = 55.70 \ \ m^3/seg$$

    2)  Hidrograma unitario triangular :

$$Q = \frac{0.556HeA}{nTp}$$

donde:

    He = lluvia en exceso
    A = área de la cuenca
    n = valor para cuenca chicas
    Tp = tiempo Pico

Donde el tiempo pico (Tp) es igual a:

$$Tp = \frac{Tc}{2} + 0.6Tc$$

Sustituyendo:

$$Tp = \frac{1.335}{2} + (0.6)(1.335) = 1.469 \ \text{hr}$$

Entonces tenemos que sustituyendo en la ecuación no. 17:

$$Q = \left[ \frac{(0.556)(11.518)(23.25)}{(2)(1.469)} \right] = 50.53 \ \text{m}^3/\text{seg}$$

3) Curvas Envolventes:

Creager:

$$q = (1.303)(Cc)((0.386)(Ac)^\alpha (Ac)^{-1}$$

donde:

Cc = 30 coeficiente para Baja California

$$\alpha = \frac{0.936}{23.25^{0.048}} = 0.8048$$

Sustituyendo en la ecuación no 18:

$$q = (1.303)(30)((0.386)(23.25)^\alpha (23.25)^{-1}$$
$$q = (1.303)(30)((0.386)(23.25)^{0.8048}(23.25)^{-1} = 4.915 \ \text{m}^3/\text{seg/km}^2$$
$$Q = (4.915)(23.25) = 114.29 \ \text{m}^3/\text{seg}$$

Del resultado anterior se toma solo el correspondiente del 50% como lo marca la SRH tenemos entonces que:

$$Q = 57.146 \ \text{m}^3/\text{seg}$$

Lowry:

$$q = \left[\frac{C}{2.59 + A}\right] x [0.80]$$

donde:

q = gasto (m³/seg/km²)
A =área de la cuenca (km²)
C = coeficiente que depende de las características de la cuenca, que para el mundo en general es igual a 100 en la fórmula de Creager y 3512 para la envolvente de Texas en la ecuación de Lowry para Ensenada es 980.

Sustituyendo en la ecuación no.20:

$$q = \left[\frac{980}{2.59 + 23.25}\right]^{[0.85]} = 8.09 \, m^3/seg/km^2$$

Tenemos entonces que el gasto seria

$$Q = (8.09)(23.25) = 188.19 \, m^3/seg$$

Tomando solo el 25% como es la recomendación de la SRH tendríamos entonces que:

$$Q = 47.04 \, m^3/seg$$

**Análisis de la Avenida de diseño**
Teniendo el resultado de la avenida máxima por todo los métodos anteriores tomamos la del hidrograma unitario por ser la que arroja datos más certeros, por lo que decimos que trabajaremos con un Q = 50.53 m³/seg.
Calculando la lluvia de tormenta estas nos quedarían como se ilustra en la figura 15.

Con el hidrograma tenemos que el Volumen de la avenida máxima real es igual al área bajo la curva de la figura 15:

$$V = 357,926.76 \, m3$$

Po lo que la altura que necesitaríamos para recibir esta tormenta es de:

$$H = 357,926.76 / 71,035.40 = 5.038 \, m$$

Mas los 9.00 m que ya se habían determinado, tenemos que la altura total que necesitaría tener la cortina para poder retener la tormenta de diseño es de:

$$Ht = 9.00 + 5.038 = 14.038 \, m$$

Esta obra no es factible hidrológicamente ya que la altura máxima que nos permite la cuenca geográficamente hablando es de 11.50 m, por lo que se propone una obra secundaria a base de gaviones con una altura de 4.00 m que sirva exclusivamente para contribuir a la recarga de acuíferos.

**Análisis del vertedor de demasías**

En el análisis de capacidades se determinó que el vaso no tiene capacidad de regulación, por lo tanto el vertedor deberá diseñarse para permitir el paso del gasto de diseño máximo.
Las características topográficas de la boquilla obligan a considerar el vertedor formando parte del cuerpo de la cortina, por ello se propone un vertedor frontal de descarga libre, y entre los más eficientes de este tipo se tiene el de cimacio con perfil Creager.
Calculando la carga hidráulica de diseño tenemos que:

$$H_{oi} = Name - Nan$$

donde:

$H_{oi}$= altura inicial en m.
Name= nivel de aguas máximo extraordinario en m.
Nan= nivel de aguas normales en m.

Sustituyendo tenemos

$$H_{oi} = 1000.50 - 999.00 = 1.50 \text{ m}$$

Longitud efectiva del vertedor

$$L = \left[ \frac{Q}{m \times H_{oi}^{3/2} \times \sqrt{2g}} \right]$$

donde:

Q= gasto en m$^3$/seg.
m= 0.337 adimensional
g= gravedad m$^2$/seg
$H_{oi}$= altura inicial en m.

Sustituyendo tenemos:

$$L = \left[ \frac{50.53}{0.337 \times 1.50^{3/2} \times \sqrt{2(9.81)}} \right] = 18.51 mts$$

Cálculo del gasto específico en el cimacio del vertedor

$$q_{ext.} = \left[ \frac{Q}{L} \right]$$

Sustituyendo:

$$q_{ext.} = \left[ \frac{50.53}{18.51} \right] = 2.73 \text{ m}^2/\text{seg}.$$

Calculando el ancho del canal de acceso tenemos entonces que:

$$Bacc = \left[ \frac{Q}{(p + H_{oi}) \times V_{per}} \right]$$

donde:
   $Q$ = gasto en m$^3$/seg
   P= paramento aguas arriba en m
   $V_{per}$= velocidad permisible m$^2$/seg.

Sustituyendo tenemos:

$$B_{acc} = \left[ \frac{50.53}{(0.00 + 1.50) \times 1.50} \right]$$

$$B_{acc} = 22.46 mts$$

Calculo del gasto específico en el canal de acceso B$_{acc}$.

$$q_{acc} = \left[ \frac{Q}{B_{acc}} \right]$$

Sustituyendo tenemos:

$$q_{acc} = \left[ \frac{50.53}{22.46} \right] = 2.25 \text{ m}^3/\text{seg}.$$

Cálculo de las perdidas longitudinales en el canal de acceso

$$h_{fl} = \left[ \frac{q_{acc}^2 \times n^2}{(P + H_{oi})^{10/3}} \right] \times L$$

donde:

n = coeficiente de rugosidad de Manning

$q_{acc}$ = gasto unitario en el acceso m$^2$/seg.

Sustituyendo:

$$h_{fl} = \left[ \frac{2.25^2 \times 0.03^2}{(0.00 + 1.5)^{10/3}} \right] \times 18.51 = 0.0097 \text{m}$$

Calculo de las perdidas por entrada en el canal de acceso

$$h_{fe} = k_e \left[ \frac{V_{per}^2}{2g} \right]$$

donde:

$K_e$ = coeficiente de contracción

$V_{per}$ = velocidad permisible en m$^2$/seg.

$$h_{fe} = 0.20 \left[ \frac{1.50^2}{19.62} \right] = 0.023 \text{ m}$$

Entonces tenemos que las pérdidas totales en el canal de acceso es de:

$$\sum hf_{canal} = h_{fe} + h_{fl}$$

Sustituyendo tenemos:

$$\sum hf_{canal} = 0.023 + 0.0097 = 0.033m$$

Calculando la carga hidráulica final tenemos que:

$$H_{of} = NAME - NAN - \sum hf_{canal}$$

Sustituyendo tenemos:

$$H_{of} = 1000.50 - 999.00 - 0.033 = 1.467m$$

Comprobando que $H_{of} / H_{oi} \geq 0.95$

Sustituyendo tenemos:

$$\left[ \frac{1.467}{1.500} \right] = 0.978 \geq 0.95$$

Tenemos entonces que:

$$H_o = H_{oi} = 1.467 \text{ m}$$

Calculando la longitud efectiva definitiva tenemos que:

$$L = \left[ \frac{Q}{m \times H_o^{3/2} \sqrt{2g}} \right]$$

donde:
Q = gasto en m³/seg
m = coeficiente adimensional
Ho = altura definitiva en m.

Sustituyendo tenemos:

$$L = \left[ \frac{50.53}{0.337 \times 1.467^{3/2} \sqrt{2(9.81)}} \right] = 19.05 \text{ m}$$

Cálculo de la longitud total:

$$Lt = L + 2 \times K_e \times H_o$$

donde:
   L= longitud efectiva en m.
   $K_e$= coeficiente de contracción adimensional
   $H_o$= altura definitiva en m.


Sustituyendo tenemos que la longitud total es:

$$Lt = 19.05 + 2 \times 0.20 \times 1.467 = 19.64 \text{ m.}$$

Calculando el ancho del vertedor tenemos:

$$S = 2 \times H_o$$

Sustituyendo:

$$S = 2 \times 1.467 = 2.934 \text{ m.}$$

Cálculo del tirante crítico sobre el vertedor:

$$h = K \times H_o$$

Sustituyendo:

$$h = 0.56 \times 1.467 = 0.82 \text{ m.}$$

Calculando los datos para la curva capacidad de servicio del vertedor tenemos:

| Ho (m) | m | Q (m³/seg) |
|---|---|---|
| 0.10 | 0.337 | 0.93 |
| 0.20 | 0.337 | 2.62 |
| 0.30 | 0.337 | 4.82 |
| 0.40 | 0.337 | 7.42 |
| 0.50 | 0.337 | 10.37 |
| 0.60 | 0.337 | 13.63 |
| 0.70 | 0.337 | 17.17 |
| 0.80 | 0.337 | 20.98 |
| 0.90 | 0.337 | 25.03 |
| 1.00 | 0.337 | 29.32 |
| 1.10 | 0.337 | 33.83 |
| 1.20 | 0.337 | 38.54 |
| 1.30 | 0.337 | 43.46 |
| 1.40 | 0.337 | 48.57 |
| 1.467 | 0.337 | 52.10 |

**Diseño del cuerpo de la cortina.**
Como se mencionó previamente, se propone una cortina a base de gaviones de 4.00 m de altura.

Ya calculadas las dimensiones del vertedor tenemos que para el gasto calculado se necesitará un vertedor de 19.62 m de longitud, y 3.00 m de ancho, por lo que analizando la figura 16, obtenemos que para una altura de 4.00 m tenemos un ancho de cortina de 20.55 m, entonces el vertedor será uno de cresta ancha el cual será a todo lo largo de la cortina.

Con base en el análisis de la información que se muestra en la figura 17a (de la cota 987.61 a la 992.61):

$\gamma_{H2O}$ =1050 kg/m³

$\gamma_{roca}$ =2600 kg/m³

$\alpha$   =0.05

t = 1.20 seg

ht = 5.00 m

Peso específico del gavión saturado:

$$\gamma_{gs} = \gamma_{roca} \times (1-n) + n \times \gamma_{H2O}$$

85

donde:

> $n$ = coeficiente de rugosidad de Manning
>
> $\gamma_{roca}$ = peso específico de la roca kg/m$^3$
>
> $\gamma_{H2O}$ = peso específico del agua kg/m$^3$

Sustituyendo en la ecuación no. 24:

$$\gamma_{gs} = 2600 \times (1 - 0.30) + 0.30 \times 1050 = 2135.00 \text{ kg/ m}^3$$

Calculando las fuerzas verticales tenemos:

> W1= 2135.00 x 3.00 x 2.00 = 12,810.00 kg
> W2= 2135.00 x 5.00 x 2.00 = 21,350.00 kg
> W3= 2135.00 x 6.00 x 1.00 = 12,810.00 kg
> W4= 1050.00 x 3.00 x 2.00 = 6,300.00 kg
> W5 = 1050.00 x 1.00 x 2.00 = 2,100.00 kg

$$F_{ver} = \overline{\quad 55,370.00 \text{ kg} \quad}$$

Calculando la supresión tenemos:

$$S = (\rho_1 + \rho_2)/2 \ \times \ b$$

donde:

$$\rho = \gamma_{H2O} \times (1 - n) \times ht$$

Sustituyendo:

$$\rho_1 = 1050 \times (1 - 0.30) \times 4.00 = 2,940.00 \text{ kg/m}^2$$
$$\rho_2 = 1050 \times (1 - 0.30) \times 1.00 = 735.00 \text{ kg/m}^2$$

Sustituyendo en la ecuación no.34:

$$S = \frac{2940.00 + 735.00}{2.00} \times 6.00 = 11,025.00 \text{ kg/m}$$

Calculando las fuerzas horizontales tenemos:

Fuerzas hidrostáticas: $\quad E = \dfrac{\gamma_{H2O} \times ht^2}{2}$

Sustituyendo en la ecuación no.30:

$$E = \frac{1050 \times 5^2}{2} = 13,125.00 \text{ kg/m}$$

Fuerzas sísmicas: $\qquad E_{sis} = kt \times ht^{3/2}$

donde:

$$kt = 0.667 \times Ct \times \alpha \times \sqrt{H}$$

$$Ct = \frac{817}{\sqrt{(1-0.775) \times \left( t \times \dfrac{H}{100} \right)}}$$

$$Ct = \frac{817}{\sqrt{(1-0.775) \times \left( 1.2 \times \dfrac{4}{100} \right)}} = 817.82$$

$$kt = 0.667 \times 817.82 \times 0.05 \times \sqrt{4} = 54.54$$

Las fuerzas sísmicas obtenidas son:

$$E_{sis} = 54.54 \times 5^{3/2} = 609.87 \text{ kg/m}$$

Sumando las fuerzas verticales positivas menos las negativas tendríamos:

$$\sum fver = Fver - S$$

Sustituyendo tenemos:

$$\sum fver = 55{,}370.00 - 11{,}025.00 = 44{,}345 \text{ kg/m}$$

Sumando las fuerzas horizontales tenemos

$$\sum fhor = E - Esis$$

Sustituyendo tenemos:

$$\sum fhor = 13{,}125.00 + 609.87 = 13{,}734.87 \text{ kg/m}$$

Revisando la estabilidad al deslizamiento:

$$Fdes = \frac{f \times \sum fver}{\sum fhor} > 1.30$$

donde:
  f= coeficiente de fricción adimensional

Sustituyendo tenemos:

$$Fdes = \frac{0.70 \times 44,345.00}{13,734.87} = 2.26 > 1.30 \quad \text{Se acepta}$$

Por seguridad al volteo o volcamiento:

$$Cseg = \frac{\sum M_R}{\sum M_V} > 1.30$$

Calculando $\sum M_R = \sum M_A$

$$\sum M_A = W1 \times b1 + W2 \times b2 + W3 \times b3 + W4 \times b4 + W5 \times b5$$

Sustituyendo:

$$\sum M_A = 12810.00 \times 1.50 + 21350 \times 2.50 + 12810 \times 3.00 + 6300 \times 4.50 + 2100 \times 5.50$$

$$\sum M_R = 150,920.00 \text{ kg. m}$$

Calculando $\sum M_V = \sum M_A$

$$\sum M_A = E \times b1 + Esis \times b2 + S \times b3$$

Sustituyendo:

$$\sum M_A = 13125 \times 1.67 + 609.87 \times 1.67 + 11025 \times 4.00$$

$$\sum M_V = 66,996.03 \text{ kg. m}$$

Sustituyendo:

$$Cseg = \frac{150,920.00}{66,996.03} = 2.25 > 1.30$$

Calculando la resultante de fuerzas:

$$R = \sqrt{\sum fver^2 + \sum fhor^2}$$

Sustituyendo:

$$R = \sqrt{44,345.00^2 + 13,734.87^2}$$

$$R = 46,423.33kg$$

Calculando la excentricidad:

$$\ell = \frac{(fver)(Xo) + (fhor)(Yo)}{w}$$

Calculando Xo y Yo tenemos:

| no. | V | Xo | Yo | Zo | Vxo | Vyo | Vzo |
|-----|-------|-------|------|------|---------|--------|--------|
| 1 | 69.00 | 11.50 | 4.50 | 1.50 | 793.50 | 310.50 | 103.50 |
| 2 | 60.00 | 12.00 | 3.50 | 1.50 | 720.00 | 210.00 | 90.00 |
| 3 | 85.00 | 12.50 | 2.50 | 2.50 | 1062.50 | 212.50 | 212.50 |
| 4 | 65.00 | 12.50 | 1.50 | 2.50 | 812.50 | 97.50 | 162.50 |
| 5 | 66.00 | 12.50 | 0.50 | 3.00 | 825.00 | 33.00 | 198.00 |
| | | | | | | | |
| | 345.00 | | | | 4213.50 | 863.50 | 766.50 |

x= 4213.50 12.21

y= 863.50 2.50

z= 766.50 2.22

Sustituyendo:

$$\ell = \frac{(44345.00)(12.21) + (13734.87)(2.50)}{(345)(2135)}$$

$$\ell = 0.78$$

Calculando los esfuerzos en la base del gavión:

$$\sigma_1 = \frac{\sum fver}{b} \times (1 \pm \frac{6\ell}{b})$$

Sustituyendo:

$$\sigma_1 = \frac{44,345}{6} \times (1 + \frac{6 \times 0.78}{6})$$

$$\sigma_1 = 13,155.68 \ kg/m^2$$

$$\sigma_2 = \frac{44,345}{6} \times (1 - \frac{6 \times 0.78}{6})$$

89

$$\sigma_2 = 1625.98 \ kg/m^2$$

Comparación de esfuerzos:

$$\sigma_{max} = 13,155.68 > 35,000.00 \ \text{Se acepta}$$

**Análisis del tanque de disipación.**
En el control de flujos hidráulicos es frecuente el diseño de estructuras disipadoras de energía. Los tanques disipadores de energía tienen aplicaciones prácticas e importantes en el diseño de obras hidráulicas entre otras, un tanque disipa la energía del agua que fluye sobre presas, vertederos y otras estructuras hidráulicas para que de esta manera se prevenga la socavación aguas debajo de las estructuras; los tanques disipadores ayudan a recuperar altura o aumentar el nivel del agua en el lado de aguas debajo de una canaleta de medición y mantener un nivel alto del agua en el canal de irrigación o de cualquier estructura para distribución de aguas, asimismo permiten incrementar el peso sobre la zona de aguas debajo de una estructura de mampostería y reducir la presión hacia arriba bajo dicha estructura aumentando la profundidad del agua en su zona de aguas abajo, y permiten aumentar el caudal por debajo de una compuerta deslizante manteniendo alejada la profundidad de aguas abajo, debido a que la altura efectiva se reducirá si la profundidad de aguas abajo ahoga el resalto.
El tanque se puede diseñar con o sin revestimiento por lo que primero se revisa si la lámina de agua al caer erosiona el fondo del cauce hasta formar un colchón de agua que puede disipar la carga cinética de la lámina misma. Las cimentaciones deben tener profundidades mayores de la socavación por lo que se debe calcular de la distancia desde el dique al punto donde la lámina choca contra el fondo para poder obtener la profundidad de erosión. (Maccaferri, 1982).

Considerando el tanque sin revestimiento se tiene que calcular el tirante medio del cauce:

$$Y_3 - Y_2 = (\frac{Q}{n \times B \times S_D^{1/2}})^{3/5}$$

donde:
    Q = 50.53 kg/m³
    n = 35
    B = 20.55 m
    S = 1.96%

Sustituyendo:

$$Y_3 - Y_2 = (\frac{50.53}{35 \times 20.55 \times 0.0196^{1/2}})^{3/5}$$

$$Y_3 - Y_2 = 0.66 \ m$$

Calculando la velocidad crítica tenemos:

$$V_{crit} = \sqrt{g(Y_3 - Y_2)}$$

Sustituyendo:

$$V_{crit} = \sqrt{9.81 \times 0.6612}$$

90

$$V_{crit} = 2.546 \, m/seg$$

Calculando la distancia de caída:

$$X = \sqrt{2 \, hcrit \times (Y_1 - Y_2)}$$

$$X = \sqrt{2 \times 0.82 \times 4.82}$$

$$X = 2.81m$$

Usando la fórmula de Schoklitsch para calcular la profundidad de socavación tenemos:

$$Y_3 - Y_4 = \frac{4.75 \times (Y_5 - Y_3)^{0.20} \, qacc^{0.57}}{dt^{0.32}}$$

De la figura 18 obtenemos $Y_5 - Y_3$

$$Y_3 - Y_4 = \frac{4.75 \times (3.34)^{0.20} \times 2.25^{0.57}}{65^{0.32}}$$

$$Y_3 - Y_4 = 2.53m$$

*Calculando Y tenemos:*

$$Y = (Y_3 - Y_4) - (Y_3 - Y_2)$$

$$Y = 2.53 - 0.66 = 1.87 \, mts < 1.00 \, no \, se \, acepta$$

Debido a lo anterior se tendrá que calcular el tanque de disipación revestido ya que sin este tendríamos socavaciones que afectarían a la obra.
Proponiendo un tanque con revestimiento a base de gaviones como el que se ilustra en la figura 19.

Dimensionamiento del tanque:
Calculando el tirante critico $Y_8 - Y_7$:

$$Y_8 - Y_7 = \frac{Q}{b_{\tan que} \sqrt{2g(Y_5 - Y_7)}}$$

$$Y_8 - Y_7 = \frac{50.53}{20.5475 \sqrt{2 \times 9.81(4.00)}}$$

$$Y_8 - Y_7 = 0.28m$$

Calculando el tirante critico $Y_6$:

$$Y_6 = \frac{-Y_8 - Y_7}{2} + \sqrt{\frac{2Q^2}{gbt^2(Y_8 - Y_7)} + \frac{(Y_8 - Y_7)^2}{4}}$$

91

$$Y_6 = \frac{-0.14}{2} + \sqrt{\frac{2 \times 50.53^2}{9.81 \times 20.5475^2 \times 0.28} + \frac{0.28^2}{4}}$$

$$Y_6 = 1.96m$$

Calculando el flujo sobre el umbral tenemos:

$$Q = m \times lu \times (Y_6 - Y_9) \times (\sqrt{2g \times (Y_6 - Y_9)})$$

$$50.53 = m \times lu \times (Y_6 - Y_9) \times (\sqrt{2g \times (Y_6 - Y_9)})$$

donde:
$\quad$ lu= 20.5475 m
$\quad$ m= 0.60

Dando valores a $Y_6$-$Y_9$ igualando la ecuación al gasto tenemos que:

$$Y_6 - Y_9 = 0.95m$$

Calculando el tirante $Y_4$:

$$Y_4 - Y_7 = (Y_5 - Y_7) \times \frac{Q^2}{g \times lu^2 \times (Y_5 - Y_7)^3}$$

$$Y_4 - Y_7 = 4.00 \times \frac{50.53^2}{9.81 \times 20.5475^2 \times 4^3}$$

$$Y_4 - Y_7 = 4.00 \times \frac{50.53^2}{9.81 \times 20.5475^2 \times 4^3}$$

$$Y_4 - Y_7 = 1.44m$$

Calculando la longitud del tanque tenemos:

$$Lt = \frac{(Y_1 - Y_7) + (Y_5 - Y_7) \times \sqrt{Y_1 - Y_5} + 6.90}{\sqrt{(Y_1 - Y_4) + (Y_5 - Y_4)}} \times (Y_6 - Y_8)$$

$$Lt = \frac{4.52 + 4.00 \times \sqrt{0.52} + 6.90}{\sqrt{3.08 + 2.56}} \times 1.96$$

$$Lt = 16.64m$$

Verificando el sifonamiento, usamos el procedimiento de Lane:

$$Limp > C\Delta h$$

donde:
$\quad$ C= 0.30

$$\Delta h = Y_5 - Y_6$$
$$\Delta h = 2.04 \text{ m.}$$

Limp = Lgav.

$6.00 > 2.04 \; se \; acepta$

Calculando la estabilidad y flotamiento:

$$\rho = \gamma w \times ((Y5 - Yx - \frac{Y5 - Y3}{Lf} Y))$$

$$\rho = 1050 \times (3 - \frac{3.34}{26} \times 0.26)$$

$$\rho = 3,114.93 \, kg$$

Calculando la supresión:

$$Sg = \frac{\gamma_{gs} S + \gamma_w h}{\rho} > 1.00$$

$$Sg = \frac{2135 \times 3 + 1050 \times 0.28}{3114.93}$$

$$Sg = 2.15 > 1.00 \; se \; acepta$$

Revisando la estructura por la altura crítica cuando se llegue a presentar la avenida de diseño se tiene:

Como se vio en el análisis hidrológico la altura que se requiere para la avenida de diseño es de 14.04 m. Por lo que se revisará que la obra no sufra ningún daño cuando se presente esta y se eleve por arriba de la cortina en 10.04 m.

Calculando la altura crítica sobre el vertedor tenemos:

$$h = K \times H_o$$

$$h = 0.56 \times H_o$$

$$h = 0.56 \times 10.04 = 5.62 \text{ m}$$

Calculando la estabilidad y flotamiento:

$$\rho = \gamma w \times ((Y5 - Yx - \frac{Y5 - Y3}{Lf} Y))$$

$$\rho = 1050 \times (15.04 - \frac{5.62}{6} \times 5.62)$$

$$\rho = 10,262.70 \, kg$$

Calculando la supresión:

$$Sg = \frac{\gamma_{gs} S + \gamma_w h}{\rho} > 1.00$$

$$Sg = \frac{2135 \times 5 + 1050 \times 5.62}{10,262.70}$$

$$Sg = 1.62 > 1.00 \text{ se acepta}$$

**Apéndice B**

**Catálogo de conceptos de obra**

| N° | CONCEPTO | UNIDAD | CANTIDAD | P.U | IMPORTE |
|----|----------|--------|----------|-----|---------|
| 1 | Trazo y Nivelacion cuantas veces sea necesaria en todo el proceso de la obra incluye: herramienta , material, equipo y mano de obra necesaria para su correcta ejecucion | M2 | 1,000.00 | 15.80 | 15,800.00 |
| 2 | Desmonte area de construccion en 40 cms de profundidad incluye: carga y acarreo del material fuera de la obra, herramienta, equipo y mano de obra necesaria para su correcta ejecucion | M3 | 450.00 | 22.50 | 10,125.00 |
| 3 | Excavacion en material tipo I y II con equipo para alojar la estructura de gaviones incluye: equipo y mano de obra necesaria para su correcta ejecucion. (Medido en seccion) | M3 | 651.00 | 27.80 | 18,097.80 |
| 4 | Suministro y colocacion y relleno de gaviones tipo LEMAC de 3x1x1 mts, colchoneta de 4x2x0.23 m, fabricado con alambre galvanizado de triple torsion 80 x 100 , rellenos de roca de 0.15 a 0.25 m ( en gavion) y de 0.10 a 0.15 m en colchoneta, incluye anclaje lateral de estructural y acarreos. | PZA | 277.00 | 6,398.24 | 1,772,311.37 |
| 5 | Suministro y colocacion y relleno de gaviones tipo LEMAC de 2x1x1 mts, colchoneta de 4x2x0.23 m, fabricado con alambre galvanizado de triple torsion 80 x 100 , rellenos de roca de 0.15 a 0.25 m ( en gavion) y de 0.10 a 0.15 m en colchoneta, incluye anclaje lateral de estructural y acarreos. | PZA | 30.00 | 5,956.99 | 178,709.70 |
| 6 | Fabricacion de plantilla de 5 cms de espesor, a base de concreto tipo ciclopeo en superficie de desplante, de 200 kg/cm2, colocado en seco ( es necesario achicar con bombeo y utilizar medios de contencion de agua ) | M3 | 32.55 | 2,100.00 | 68,355.00 |
| 7 | Limpieza general y retiro de basura | M2 | 1,000.00 | 15.00 | 15,000.00 |

| | |
|---|---|
| SUB TOTAL | $ 2,078,398.87 |
| IVA | $ 228,623.88 |
| TOTAL | $ 2,307,022.75 |

Printed in Great Britain
by Amazon

63031645R00068